葛亮 马永赢 李浪涛 张蕴／著

镇馆之宝 2

让历史复活，让文物说话

它们是历史的遗存，是文明的见证

中国财经出版传媒集团
中国财政经济出版社

图书在版编目（CIP）数据

镇馆之宝．二/葛亮等著．—北京：中国财政经济出版社，2018.6
ISBN 978-7-5095-8020-2

Ⅰ.①镇… Ⅱ.①葛… Ⅲ.①文物-中国-通俗读物 Ⅳ.①K87-49

中国版本图书馆 CIP 数据核字(2018)第 009416 号

责任编辑：张怡然　　责任校对：刘　靖
文字编辑：刘孺泾　　责任印制：刘春年

中国财政经济出版社 出版

URL：http：//www.cfeph.cn
E-mail：cfeph@cfeph.cn

社址：北京市海淀区阜成路甲 28 号　邮政编码：100142
营销中心电话：010-88191537　北京财经书店电话：010-64033436
北京时捷印刷有限公司印刷　各地新华书店经销
787×1092 毫米　16 开　17.25 印张　186 000 字
2018 年 6 月第 1 版　2018 年 6 月北京第 1 次印刷
定价：48.00 元
ISBN 978-7-5095-8020-2
（图书出现印装问题，本社负责调换）
本社质量投诉电话：010-88190744
反盗版举报热线：010-88191661　QQ：2242791300

目　录

王的『权杖』

它是上海博物馆馆藏最古老的青铜钺，也是上海博物馆中国古代青铜器展馆的第一件展品。那么，它的“年龄”是如何判断出来的呢？“钺”作为一件古兵器，究竟要如何使用呢？这件青铜钺又有着怎样的显赫身世呢？它身上承载着大量的历史文化信息，引发的探究还在进行着，从未停止。

由我们博物馆的人自己来挑选“镇馆之宝”，其实是一件挺有难度的事儿。所谓“镇馆之宝”，更多的是广大观众赋予某些珍贵馆藏文物的一个“爱称”。

比如，我们上海博物馆，馆藏文物有100多万件，其中具有等级的“珍贵文物”，也有14万件以上。在这些珍贵文物里，具有很高的艺术价值、历史价值的精品，那实在是太多了。我们恐怕不能说只有那几件东西特别突出，这座博物馆得靠它们“镇”着。

不过，来博物馆参观，面对成千上万的展品，我们真是需要有那么一些“重点关注对象”，否则很容易眼花缭乱。在上海博物馆众多的藏品中，确实可以挑出这么一些具有代表性的“精品”“名品”。

此外，也有一些文物在展厅里很容易被忽略，但它们背后同样蕴藏着丰富的历史信息、曲折的流传故事，甚至难解之谜。大家来参观的话，如果从它们面前匆匆走过，那实在太可惜了。

所以，我们就趁此机会，有选择地跟大家仔细聊几件可以被称为“镇馆之宝”的珍贵文物。

上海博物馆是一座“中国古代艺术博物馆”。我们的常设展览是按艺术门类进行陈列的，比如有青铜馆、雕塑馆、陶瓷馆、书法馆、绘画馆、印章馆、玉器馆、家具馆、货币馆，等等。而中国古代青铜器的收藏、研究和展览，历来都是上海博物馆的重中之重，上海博物馆也有中国青铜器收藏“半壁江山”之称。

中国古代青铜馆目前的展品有300多件，展品占藏品的比例大约是二十分之一。而仅仅二十分之一的藏品，已经构成了一个相对完整的中国古代青铜器发展序列。中国青铜时代的各个阶段、各种器类、各地出土的，具有代表性的青铜器精品，在这里基本上都有展示。这应该是我们上海博物馆青铜馆最大的一个特点。这样系统性的青铜器展览，在其他地方恐怕很难看到。

普通观众到了我们青铜馆，可以对中国古代青铜器有一个比较全面的直观感受；相关专业的学生可以拿着教科书来走一圈，一个个地按图索骥；考古学、艺术史、古文字学等方面的专家来，也能常看常新，时不时就会有新的发现。

我想，上海博物馆的青铜器收藏有今天的品质和规模，既是青铜器本身所拥有的艺术、历史双重价值的集中体现，也是上海博物馆成立60多年以来几代人在征集、整理、研究方面长期努力的结果。

在这里，我们首先要为大家介绍的是上海博物馆中国古代青铜馆的第一件展品。

这件展品粗略地看，像是个大斧头，说明牌上写着它的名字——镶嵌十字纹方钺［图1］，年代是夏代晚期。

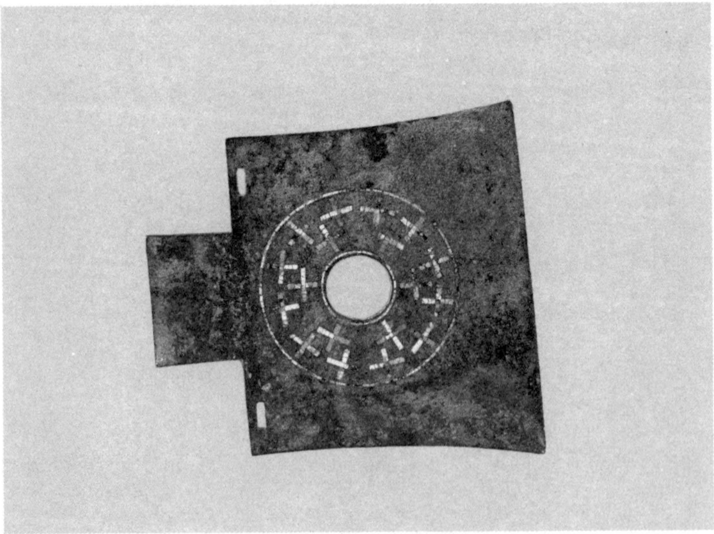

图1　镶嵌十字纹方钺

这件青铜器的名字，可以分为两部分：一部分是“钺”，“钺”表示器类。这类“大斧头”在古代有专门的名字，就是所谓“刀枪剑戟斧钺钩叉”的“钺”；另一部分是前边的“镶嵌十字纹”和“方”，则分别是对它的主体纹饰和形状特征的描述。

钺这种兵器，本有竹子或木头做的长柄，一般早就腐烂、消失了。但在这件钺上还看得到一点儿痕迹，推算下来，它的柄大概有6厘米宽，正适合手握。从我们用有机玻璃做的复原可以看出，大钺原本是插到柄里头的［图2］。在连接处有两个长方形的孔，中间可以穿绳子（可能是皮绳）固定。可以想象，哪怕把它举起来挥舞，也不会松脱。

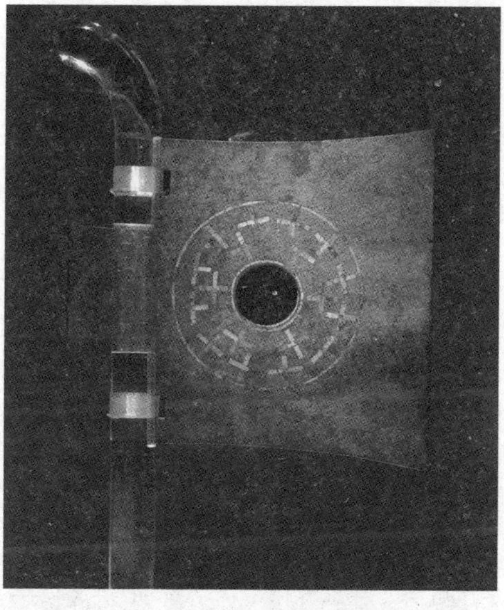

图2　镶嵌十字纹方钺插在复原的柄中

这件大钺最特别之处在于它中间的圆孔周围环绕着两圈“十”字形的纹饰［图3］。这些纹饰是用镶嵌的方法做出来的。用什么镶嵌呢？这种东西，直到今天还经常被拿来做装饰品、首饰，那就是绿松石。这件钺上镶嵌的绿松石可能是用某种胶质粘上的，到现在3000多年了，大部分保存完好，实在是非常难得。

图3 十字纹纹饰

尽管这件镶嵌十字纹方钺十分精致，器形也很大，但它毕竟不是我们熟悉的古代青铜器的代表，比如大鼎、大钟之类，而是一件兵器。那么，在讲究“系统性”的上海博物馆青铜馆里，为什么恰恰是它被摆在全馆的第一件呢？下面我们就来回答这个问题。

如果仔细观察，我们可以发现，这件镶嵌十字纹方钺其实没有开过刃，也就是说，它没有经历过实战。它的重量有5.16公斤，要挥舞起来，恐怕也不太容易。更关键的是，它的表面有那么多绿松石的镶嵌，真要当武器用，恐怕早就损毁了。由此可见，这件大钺实际上应该是一种仪仗用具，或者是某种象征物。

说到这里，咱们就要交代一个概念——礼器。顾名思义，“礼器”就是在礼仪场合（比如，祭祀、飨宴、婚丧嫁娶等）所用的器物。

古代礼器大多是专门制作的，比日常用品精致得多，往往还有表示身份的功能。比如大家都知道“天子九鼎”，“九鼎”就是对应“天子”这个身份的。

中国古代青铜器的性质，主要就是礼器。也就是说，咱们在博物馆看到的青铜鼎，大多不是日常烧饭的锅；青铜尊，基本不是日常装酒的壶；青铜大钺，也不是真的用来打仗的。这些多是专门在礼仪场合由具有特定身份的人来使用的东西。

上古时代有一句名言：

国之大事，在祀与戎。（《春秋左传·成公十三年》）

意思是一个国家最重要的事有两件：一件是祀，就是祭祀；另一件是戎，就是军事。祭祀祖先的权利代表了统治的正统性；军权则是最直接、最现实的统治力的来源。中国古代青铜礼器里，既有祭器，也有兵器。当然，还包括其他一些东西。

有了礼器的概念，咱们再来看钺。这个“大斧头”，既然不是真的拿来砍杀，那它到底是干什么用的呢？这个问题可以从上古时代的一个重大历史事件说起，那就是“武王伐纣”。

武王伐纣的历史，大家多少都了解一些。不论是历史书，还是小说《封神演义》，甚至电视剧《封神榜》，最基本的内容都差不多，就是周武王联合了许多部族，起兵讨伐商纣王。他打败商王的关键战役，就是著名的“牧野之战”。

在牧野之战之前，周武王举行了一个誓师大会。在咱们中国传世的最早的一部历史书——《尚书》里头，就专门写有这么一篇，叫《牧誓》，记载的就是在“牧野”举行的那次誓师大会。《尚书·牧誓》的开头，是这样写的：

> 时甲子昧爽，王朝至于商郊牧野，乃誓。王左杖黄钺，右秉白旄以麾……

“时甲子”是说牧野之战这一天是甲子日。今天咱们一般用天干地支来纪年，比如2017年是丁酉年。而在上古时代，干支主要用来记日，每天一个，60天一轮回。“昧爽”说的则是早晨天蒙蒙亮的时候，“昧”形容的是暗，“爽”形容的是亮，这个词特别形象。

《尚书·牧誓》的这个记载是很可靠的，不但很多古书这样写，在陕西出土的一件叫“利簋”的西周青铜器上也可以看到这样的话——“武（王）征商，唯甲子朝”，时间正是“甲子”这天的早上。

那么，在这个庄严的誓师大会上，周武王是以什么样的形象出现的呢？《尚书·牧誓》是这样说的：“王左杖黄钺，右秉白旄以麾。”

这句话特别形象。王的左手杖着一把黄色的钺。“杖”这个动作，就是握着大钺的长柄，杵在地上，就这么支着。王的右手“秉”着白旄。“白旄”大概是白色的牦牛尾巴或者类似的长毛穗儿。它比大钺短得多，所以可以“秉持”，捏在手里。它还可以“麾”，也就是指挥的“挥”。周武王当时就是左手握着黄钺，右手挥舞白旄，招呼各方首领，进行誓师。

我想大家都发现了，周武王手里拿的就有咱们这里说的钺。而且，周武王拿的钺，显然不是真正用来打仗的，而是某种标志、某种象征，是咱们前头说的礼器。

那么，周武王他为什么要杵着一个钺，“钺”跟“王”到底有什么关系呢？简单地说，在很长一段时间里，钺曾被当作象征王权的“权杖”。

钺，原本是兵器，也是用于“大辟之刑”（砍头）的刑具。在商周时代，有一个比较大的族氏，他们族名的形象是一个横过来的大钺底下一个没了脑袋的人［图4］。这个字，正是被钺砍头的形象。这个族氏，可能跟传说中那个被砍了脑袋还“以乳为目，以脐为口，操干戚以舞”的“刑天”，有点儿关系。

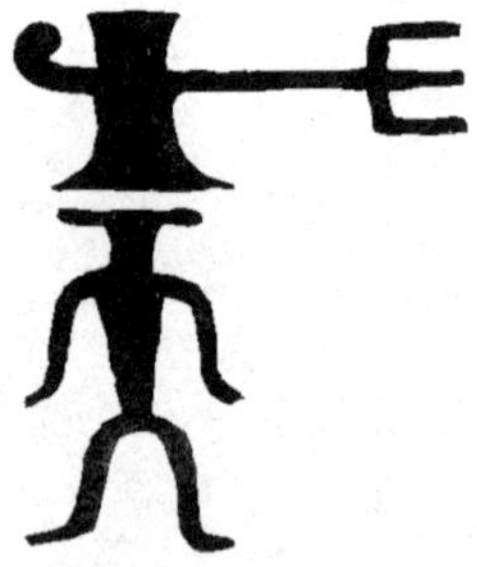

图4　以钺砍头的族氏铭文

钺可以用来砍头，那么拿钺来象征“生杀权”，也是很自然的事。但是，在上古时代，钺实际上主要是作为“军事统帅权”的象征物而出现的。在传世古书里、出土青铜器上，都有这样的记载：前头说赐给某人一把钺，后头就说命令他去征伐某个地方。由此可见，“赏赐钺”实际是

“赋予军权”的一种仪式。

在古代，军事统帅权往往是以死刑来保证的。临阵脱逃的人、不听军令的人，也是死刑最早的对象之一。所以钺也就成了可以指挥军队的、象征军权的“权杖”。

那么，前头我们说钺是象征王权的“权杖”，这里又说它象征军权。这是怎么回事呢？钺跟王、跟王权的关系，只要看看古汉字“王”的字形［图5］，一下就能明白。

图5　古汉字“王”的演变

可以看到，“王”这个汉字最初就像一个锋刃向下的大钺，跟图4那个字里画的钺相比，只不过没有画出长柄而已。后来尽管上边线条画成了两横，底下还是保留了锋刃部分厚厚的形状。当底下的也线条化之后，就成了三横一竖，也就是咱们熟悉的“王”字。这样的“王”字，一直用到今天。

所以，“王”字可不像小朋友们以为的那样，来自老虎头上的花纹；也不像《说文解字》所说的，三横代表“天、地、人”“一贯三为王”，等等。

现在我们知道，“王”字原本就像钺的形状。这就说明，早在“王”这个汉字被造出来之前，钺就已经是王权的象征了。否则，这个字绝不可能这么造。

不过，我们前面引到的古汉字“王”，最早出现也已经是商代晚期了。那是因为受考古发现的局限，更早的汉字目前还没有被找到。而“王”字产生的年代肯定不会那么晚，至少可以追溯到夏商之交。

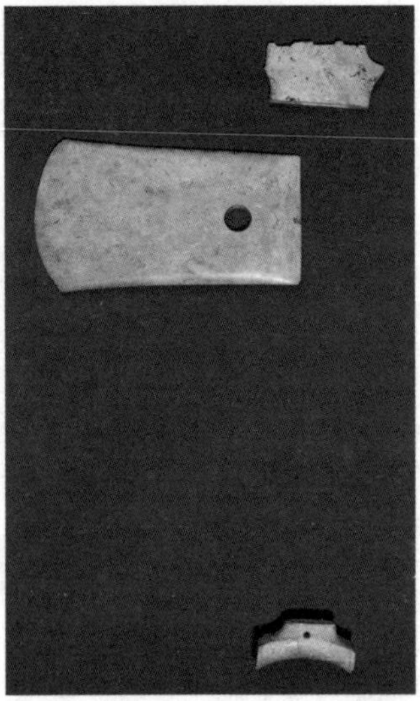
图 6　新石器时代玉钺组合

再早呢？在一些新石器时代晚期的遗址中，已经出现了制作精美的成组合的玉钺［图 6］。在当时，钺很可能已经具有象征统治权的意义了。

以上这些道出了一个关键信息。中国上古时代“王权”的直接来源，应该是军权，而不是神权。大家仔细想想，历朝历代，其实都是如此。

大家请注意，《尚书·牧誓》对周武王拿的大钺还有颜色上的描述——“黄”。这里又涉及另外一个重要问题：所谓“青铜”，原本是什么颜色的？

大家都知道，铜没生锈的时候大多是黄色的。根据成分不一样，有的偏金一点儿，有的偏白一点儿，有的偏红一点儿。铜生了锈，才是青绿色的。

中国古代的青铜主要是铜、锡、铅的合金，它的本色，就是金黄色的。比如陕西出土的青铜小鼎，除了绿锈覆盖的部分，还保留了很多金色。

在上古汉语里，铜的名字原本不叫“铜”，而叫“金”。我们现在所说的金子的“金”，原来一般叫“黄金”，意思是比一般的“金”（也就是铜）颜色更黄的一种“金”。

古人很早就发现铜、锡、铅合金比纯铜、黄铜的硬度要大得多，用来做器皿甚至做兵器，都很适合。因为青铜是一种以坚硬为特点的铜，古人在给它取名字的时候也考虑到了这一点，所以把它称为“吉金”。

所谓“吉金”可不是“吉利的铜”或“幸运的铜”，而是指“坚硬的铜”。因为“吉”的本义，正是“坚硬”。

古汉字有一种造字的方法，是在一样东西的下面加一个“口”，表示这个东西所代表的某种性质。“吉”字［图7］就有一种来源，是在一个“钺”的形体下面，加一个“口”，就表示青铜钺这种东西所代表的特性——坚硬。“吉”的本义是“坚硬”，“利”的本义是“锋利”。古人选了这两个字来表示“好的”“好运”，或许就是从“无所不破”这类的意思引申过来的。

图7　西周早期“吉”字

“吉”字的上部是个“钺”，而表示“铜”的“金”字里头，原本也有一个“钺”。

比如，这个西周早期的“金”字［图8］，它的右上角是今天的“今”，表示“金”字的读音，样子跟现在的“今”字还比较像；而它的右下角正是一个像钺的“王”，在这里就代表铜器，表示“金”的字义；左边的两团则是“吕”，所谓双口“吕”原本是用来铸造青铜器的原料——铜锭的形象。图8左下角就是出土的铜锭的照片。

图8　西周早期“金”字

那么，从“王”“吉”“金”这三个古文字看，钺在古人心目中的地位那可真不一般：“金”字包含钺形，说明钺可以作为各式各样铜器的代表；“吉”字包含钺形，说明当时人们心目中最坚硬、最结实的东西，就是以钺为代表的青铜兵器；“王”字干脆就象钺形，更说明钺是王权的象征。

下面我们再来看上海博物馆青铜馆的第一件文物——镶嵌十字纹方钺。除了前面介绍的钺这类器物的历史价值、文化意义之外，单说这件钺，它被放在整个展厅的打头位置，还有一个关键的原因，那就是它的年代非常早，目前标注的是“夏代晚期”。

由于镶嵌十字纹方钺是传世品，不是科学考古发掘出土的。它的出土地已经无法确定了；它的年代也缺乏同出器物作为参照。在上海博物馆的藏品中，传世品所占的比例非常高，要判断它们的出处、年代，最可靠的办法，就是跟经过科学考古发掘的有明确出土地和时代的文物进行比对。

镶嵌十字纹方钺在 20 世纪 50 年代初就到了上海博物馆。在很长一段时间内，它的年代都被定为“商代晚期”。这是因为其他已知的大型青铜钺，基本都是商代晚期的。比如，图 9 这两个。左边一件是河南安阳殷墟妇好墓出土的，右边一件是山东苏埠屯出土的。它们的纹饰不同，一件是描绘老虎食人的纹饰，另一件是人面纹。这类纹饰在同时代的其他器物上都看得到。

上海博物馆的镶嵌十字纹方钺，虽然从形状、尺寸上看跟这些明确的商代大钺还比较接近，但纹饰完全不同。它的十字纹在时代明确的商周青铜器乃至其他材质的器物上，都从未见过。没有参照物，要断代，那就难了。

图 9 商代大钺

在镶嵌十字纹方钺旁边的展柜里，还有四件标为“夏代晚期”的青铜器［图 10］。它们也是传世品，其中 3 件甚至还是 20 世纪 50 年代从冶炼厂的熔炉边上抢救回来的。那么，它们又是怎么被定在“夏代晚期”的呢？

图 10 上海博物馆青铜馆中的夏代青铜器

上海博物馆的馆藏青铜器有一个特殊的来源，就是冶炼厂的废铜堆。20 世纪 50 年代，华东六省中，只有上海的冶炼厂比较大，而内地各省几乎没有冶炼厂，所以各地的废铜都会运到上海回炉，其中往往就会有被错误遗弃的文物。到了1958年，大炼钢铁运动开始，这种情况就更多了。所以，从1951年开始，上海就组织人力，对废铜中混杂的文物进行抢救性的拣选。

根据后来的统计，历年来上海从废铜中拣选出的古代青铜器有三万多件。这个数量非常惊人。假如当时的工作人员稍一疏忽，这些珍贵的文物就已经化成铜水了。如今，在上海博物馆青铜馆里，从夏代晚期到商代早期、中期的展品，也就是时代最早的那一部分，大多就是从冶炼厂抢救回来的。

那么，这个时间段的青铜器在当年为什么会遭到遗弃呢？一方面，在20世纪50年代以前，我们对于夏代青铜器，或者说商代以前乃至商代早中期的青铜器还知之甚少。另一方面，这些早期青铜器的器形、纹饰比较原始、相对粗糙，所以才会被收藏者首先淘汰出来，或者被错误地丢弃。

那个时候，即使把这些早期青铜器抢救回来了，学者往往也没法确定它的年代。有说是汉代的，因为汉代青铜器里素面的比较多，但是它们的器形又完全不同；有说是商周时代的"冥器"，专门随葬用的，所以做得比较粗糙。这些说法都没有得到考古发现的验证。

幸好，1959年河南偃师二里头遗址被发现。从1960年至今，考古工作者在二里头进行了持续几十年的发掘工作，取得了很大的成绩。按照现在一般的认识，二里头文化大部分属于夏文化，具体说是夏代中晚期的文化。

几十年来，二里头遗址出土了很多青铜器。有了科学发掘品做参照物，那些差点儿进了冶炼厂的夏代青铜器，只要能跟发掘品对上的，都有了一个比较明确的时间定位。

那么，镶嵌十字纹方钺跟发掘品对上了吗？很遗憾，二里头遗址并没有发现这样的大钺。但是，发现了这么一个怪东西［图11］。

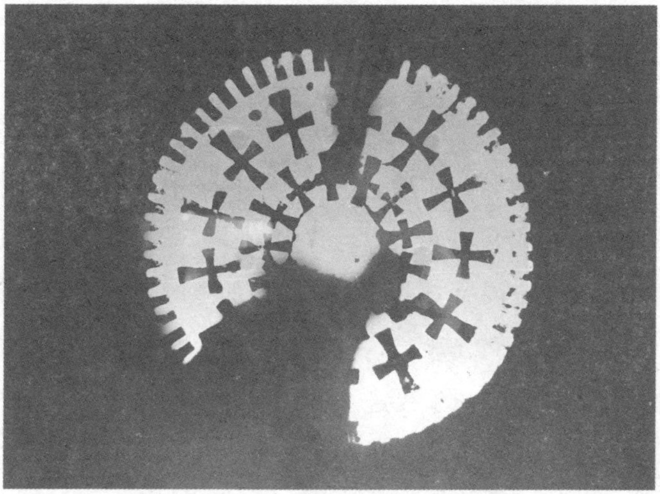

图 11　二里头“十字纹器”的 X 光片

图 11 是上海博物馆青铜馆墙上的一个图案，就在镶嵌十字纹方钺的旁边。这是 1975 年在二里头遗址出土的一件圆形青铜器的 X 光片。这件青铜器外边被织物包裹，至今没法揭开；它是做什么用的，也不清楚。但是通过 X 光片可以看到，它上边也有内外两圈环形的十字纹，里头应该也是镶嵌绿松石的。除了它的十字纹两头稍粗、中间稍细外，跟我们这件大钺的装饰手法相比，实在是太像了。

所以，不少学者就此认为，上海博物馆的镶嵌十字纹方钺和二里头的镶嵌十字纹圆形器，是同时代的产物。

后来，上海博物馆的研究人员又对镶嵌十字纹方钺作了细致的观察和检测，发现这件大钺的铸造技术、镶嵌技术，在二里头文化的青铜器上，都已经存在了。也就是说，当时的人若要做这件大钺，从技术上说，是做得出来的。

再加上这种镶嵌的十字纹，在商周时代的青铜器或者其他材质的器物上，就再也没发现了。所以，基于目前的认识，我们还是把镶嵌十字纹方钺的年代定在二里头时期。按照现在一般的认识，二里头文化大部分属于夏文化，那么这件大钺所对应的中国历史年代就被标注为“夏代晚期”了。

当然，由于二里头至今没有发现文字，没有文字就没有可以“一锤定音”的证据。对它的年代、性质、族属，学者之间还有分歧，一时间恐怕还难以达成共识。我想，我们标注“夏代晚期”，主要是表示它的年代相当于中国历史上商代以前的那个时期，而不是说它一定属于一个叫作“夏”的王朝。这一点，希望大家理解。

把镶嵌十字纹方钺的年代定在夏代晚期，还存在一个问题，即二里头出土的青铜器大部分比较单薄、器形也比较小，从来没有出过那么厚重的兵器。这一件为什么那么特别呢?

有这样一种解释：二里头文化已经可以做出大型艺术品了，比如2002 年发现的绿松石龙［图 12］。它原本可能是木器表面的镶嵌物，后来木头完全腐朽，只剩下绿松石了。这条龙的长度有 60 多厘米，那么它附着的器物就更大了。要知道，目前我们还没有发现二里头文化的大墓，如果哪天发现了，出土大型青铜器完全是有可能的。我们也期待着那一天。

图 12　二里头绿松石龙

说来说去，关于镶嵌十字纹方钺的年代，我们最终也没能给出一个“标准答案”。我想，始终存在未知，始终吸引后来者继续探索，或许正是考古学乃至古典文明研究的最大魅力所在吧！

（上海博物馆　葛亮）

传奇大克鼎

在上海博物馆中国古代青铜馆中，有一件分量最重、地位最高，经历最为曲折的青铜器，这就是上海博物馆镇馆之宝西周大克鼎。这件铸有长篇铭文的青铜鼎，雄伟地矗立在青铜馆中，虽然经历数千年时间的洗刷，却保存完好、风采依旧，凡是参观过这件大克鼎的观众无一不被它雄伟的气势、精美的纹饰震撼。这件闻名于世的镇馆之宝，在清朝末年出土后却有着跌宕起伏的命运，有一个伟大的家族始终不离不弃地保护着它。

在前一篇里，我们介绍了上海博物馆中国古代青铜馆的第一件展品——镶嵌十字纹方钺。接下来要介绍的是青铜馆里名气最大、分量最重、最具代表性、流传经历最为曲折的一件“镇馆之宝”。

上海博物馆成立于1952年，到今天为止，前后共有3个馆舍，最初在英国人修建的跑马总会大楼［图1］，1959年搬到了原来杜月笙的中汇银行大楼［图2］。

图1　上海博物馆（1952—1959年）

图2　上海博物馆（1959—1996年）

这两处馆舍原本都不是为博物馆建的，在里头保存文物、举办展览都有很大的局限，而且这两个建筑本身也不太像博物馆。这样的局面持续到1996年现在的上海博物馆［图3］建成开放，才有了彻底的改观。

上海博物馆的定位是“中国古代艺术博物馆”，因此，现在这座博物馆的造型融入了浓厚的中国古代文化意味。它上圆下方，象征着中国古人对宇宙、对世界的基本认识——天圆地方。在它的四面还有四个透空的“拱门”，按照设计师的想法，这既是进入文物殿堂的引导标志，又表达了上海博物馆对世界的开放态度。

图 3　上海博物馆（1996 年至今）

不过，在大部分观众的眼里，上海博物馆的造型可没那么玄妙。大家往往很简单地说道："上海博物馆啊，就像一只鼎！"如果追问具体像什么鼎，很可能得到这样的答案："那当然像大克鼎咯！"有的观众参观完上海博物馆写游记，开宗明义第一句就是"上海博物馆的外形，是依照镇馆之宝'西周大克鼎'建造的"。

这些说法虽然不符合设计师的原意，但可以看出，在很多人的心目中，大克鼎［图 4］不但是上海博物馆最著名的"镇馆之宝"，同时也是上海博物馆的象征。

图 4　大克鼎

鼎，应该是大家最熟悉的一种古代青铜器了。如果要问有哪些包含“鼎”字的成语，人人都能举出三五个，比如，大名鼎鼎、三足鼎立、一言九鼎、人声鼎沸、力能扛鼎、问鼎中原，等等。可以说，没有第二种器物能像鼎一样深入中国的历史、文化和语言当中。

那么鼎这种器物，它的文化影响力为什么这么大呢？

鼎，原本是一种锅，如果用学术的语言说，就是“烹煮器”。鼎下边一定有腿，有的是三条，有的是四条。这就是为了方便烧火的。直到现在，在有些地方的方言里，烧饭的锅还是被称为“鼎”。

虽然鼎原本是锅，但它在上古时代的社会意义可没那么简单。中国人很早就有这样的意识：不论是祖先还是上帝或者其他神灵，都会时刻观察、影响着人世间的一切。他们对世人既可能保佑，也可能不满，甚至惩罚。于是，祭祀就成了古代社会生活中非常重要的一部分。

古人认为，不论是祖先还是神灵，和我们一样，都是要吃饭的。于是，在祭祀活动中，食物（包括酒）就成了最主要的供奉物，也就是祭品。

那么，制备、盛放这些祭品的器物，也就不能太随便了。它们就逐渐从日常使用的锅碗瓢盆，变成了用当时最好的材料、最先进的技术、最大的人力物力来专门制作的“礼器”，也就是礼仪场合专用的器物。比如，带有长篇铭文的青铜大鼎就是专门盛放祭品的。古人恐怕不会真拿它来炖肉、煮菜。器壁那么厚，太费柴火，大鼎里头还全是凹陷的文字，要是真煮一锅肉，根本没法清理。

说到青铜礼器，当然还有很多种，作用也不仅限于祭祀。但要说其中最重要的代表，毫无疑问，那就是“鼎”。到了西周时期，甚至出现了一种“列鼎制度”。简单说，就是一套鼎从大到小排成列，鼎的数量要和使用者的身份严格对应。按照汉代人的总结，天子九鼎，诸侯七鼎，卿大夫五鼎，士三鼎或一鼎。商周考古发现的实际情况比这个理想的序列要复杂得多，但这种制度肯定存在过。也就是说，鼎不但充当了祭器，还一度成为权力、等级的象征。

尽管随着中国“青铜时代”（夏商周）的远去，鼎的社会功能已经消失了，但后世对于古鼎，尤其是带有长篇铭文的大鼎，仍然格外珍视。

比如，汉武帝有一个年号，叫“元鼎”。元，是最大的意思。这个年号可能是后来追加的，但它的来历还是有记载的。在公元前116年，汉武帝得到了一件山西汾河边出土的周代大鼎，他把发现大鼎看作上天降下的祥瑞。“元鼎”这个年号也就是为了纪念这件事而定的。

汉武帝的“元鼎”早已不知所踪。我们今天能看到的带有长篇铭文的大鼎，那也是屈指可数。其中最著名的三件，在清末民国时代，曾被并称为“海内三宝”。

如果按照高度排序，那么第一件是原藏于上海博物馆，现在在中国国家博物馆陈列的大盂鼎［图5］。大盂鼎高101.9厘米，重153.5公斤，有铭文291个字。

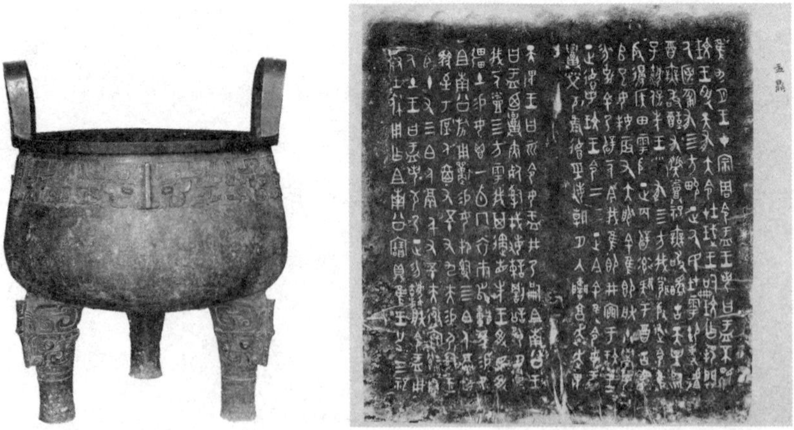

图5　大盂鼎器形及铭文

第二件就是现藏上海博物馆的大克鼎［图6］。大克鼎高93.1厘米，重201.5公斤，高度比大盂鼎略低，却重了将近50公斤。它的铭文有290个字，比大盂鼎少一个字。

图6 大克鼎器形及铭文

第三件是现藏台北故宫博物院的毛公鼎［图7］。毛公鼎的尺寸在“三宝”里是最小的，但其铭文至今仍是已知青铜器铭文中最长的，足有497个字。

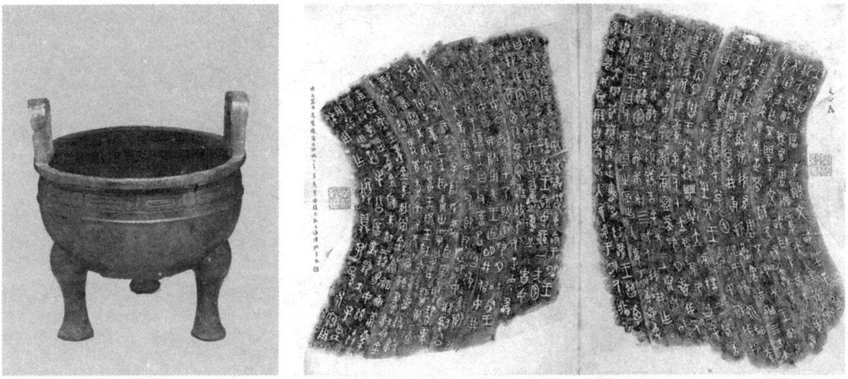

图7 毛公鼎器形及铭文

郭沫若先生曾说，长篇的青铜器铭文“说者每谓足抵《尚书》一篇，然其史料价值殆有过之而无不及”。今天咱们能看到的先秦古书，是经过秦代的焚书坑儒，汉代的整理，再辗转传抄的。因而其中的损失、错乱都很多。青铜器铭文则是完完全全的“古人真迹”。

由此可见，“海内三宝”之所以有这样的盛誉，是它们在器物和铭文、艺术和历史等多方面重要价值的综合体现。当然，要单说体量巨大，那大盂鼎、大克鼎仍是目前已知铸有铭文的西周青铜鼎里最大的两件。如果大家有机会在它们的面前驻足，一定会被它们非凡的气度深深震撼。

从1952年上海博物馆一开馆，大盂鼎、大克鼎就作为全馆最重要的两件文物进行展出。直到现在，尽管上海博物馆的藏品数量有了几十倍的增长，但在中国古代青铜馆中，大克鼎始终居于核心位置。

如果大家到上海博物馆和国家博物馆参观，会发现在大克鼎和大盂鼎的说明牌上，都特别注明了这么一行字——“潘达于女士捐赠”。原来，这“海内三宝”中最大的两件，竟是由同一位女士捐赠的。那么，潘达于女士和两件大鼎之间究竟有什么样的关系呢？这里边的故事，说来话长。

所谓“海内三宝”，曾有人接过下半句，“潘有其二”。这个“潘”指的是苏州潘氏。在清代，潘氏是苏州的望族。声望高到什么程度呢？同治年间，李鸿章在担任江苏巡抚的时候，曾经给潘家送过一块匾，上书“祖孙、父子、叔侄、兄弟翰林之家”。可见潘家世代书香，不知出了多少人才。

潘达于女士的高祖名叫潘世恩，他在乾隆五十八年（1793年）高中殿试第一甲第一名，也就是状元。后来，潘世恩一直做到工部尚书、军机大臣等，还担任四库全书馆的总裁。他在京为官50多年，从乾隆朝一直做到咸丰朝，是名副其实的“四朝元老”。

潘世恩有一个孙子，叫潘祖荫，生于道光十年（1830年）。在潘世恩80岁的时候，道光皇帝亲自为他祝寿，同时赏赐19岁的潘祖荫一个举人的身份，让他直接参加会试。四年之后，23岁的潘祖荫高中殿试第一甲第三名，也就是探花。潘祖荫也是一生在京为官，和他的祖父一样，担任过工部尚书、军机大臣等要职。

在《清史稿·潘祖荫传》里有这么一句话：

祖荫嗜学，通经史，好收藏，储金石甚富。

这就把潘祖荫和其他的大官僚、大学士的区别给点出来了，那就是他非常热衷于金石文物和古籍善本的收藏和研究。

对金石文物，尤其是青铜器，潘祖荫可谓如痴如醉。据说每当他听到重要青铜器问世的消息，便“倾囊购之”，哪怕倾其所有也要买下来。他买下来之后，并不是秘不示人，而是经常召集同好，一起欣赏、讨论，还把拓片盖上收藏印，赠给他人。

所以，尽管潘祖荫自己只编印过一种藏品图录——《攀古楼彝器款识》，其中只收录了50件青铜器，但后来的学者根据盖有潘祖荫印章的拓片，计算出了他前后收藏青铜器的总量：只算有铭文的商周器，就有四百好几十件之多，算上没有铭文的和秦汉时代的器物，应该有600多件。一个人，600多件青铜器，这样的收藏规模、藏品质量，放在今天是难以想象的。

在潘祖荫蔚为大观的青铜器藏品中，最重要的就是“海内三宝”中的那两件——大盂鼎和大克鼎。

这两件大鼎可以说都差点儿和潘祖荫失之交臂，它们能被潘祖荫收入囊中，除了他的收藏基础、知识储备、人脉资源之外，大概还真有那么点儿机缘在里头。

大盂鼎，大约是道光初年，在陕西岐山，因为河岸崩塌而出土的。之后有很多人竞相争夺，辗转流传。最终它能够归潘祖荫所有，有一个人起到了关键的作用。这个人就是一代名将左宗棠。

左宗棠40多岁的时候，还在湖南巡抚骆秉章的府上做师爷。骆秉章对左宗棠是言听计从，很多事就直接让左宗棠替他去办。然而左宗棠的功名不过是一个举人而已，难免遭人记恨。到了 1860 年，就有人向咸丰皇帝检举，要弹劾他。这时候，潘祖荫三次上书，力保了左宗棠。“国家不可一日无湖南，即湖南不可一日无宗棠也”这句名言，就出自潘祖荫的奏疏。

这份恩情左宗棠没有忘记。后来他出任甘陕总督，在 1873 年的时候，得知大盂鼎出现在了西安。他知道潘祖荫最爱青铜器，于是赶紧让部下把大盂鼎买了下来，准备送给潘祖荫。

潘祖荫在北京，先是收到了左宗棠送来的拓片。起初，他还不敢相信这个东西是真的。要知道，这么大的鼎，这么长的铭文，那时候哪儿见过啊！一直到第二年，经过仔细研究，潘祖荫终于改变了看法，他给左宗棠写信，要求马上把大盂鼎送到北京。

于是，大约在 1874 年的秋冬时节，大盂鼎正式纳入了潘祖荫的收藏。要知道，从第二年开始，左宗棠就被派去新疆督办军务，后来就去平定阿古柏之乱了。也就是说，要是再晚一年，左宗棠一旦离开陕西，那潘祖荫就要跟大盂鼎失之交臂了。

说来也巧，不仅是和大盂鼎，潘祖荫和大克鼎之间同样也是差一年就会无缘相见。这又是怎么回事呢？

大克鼎，应该是在光绪年间出土的，最晚也不超过光绪十五年（1889 年）的年初。它的出土地是今天陕西省的扶风县，著名的法门寺往西北大约 4 公里，一个当时叫任村，现在叫任家或任家村的地方。

当时出土的可不是一个鼎，而是一个相当大的西周青铜器窖藏。所谓“青铜器窖藏”，通俗地说，就是古人在地下挖了个坑，把很多青铜器一起埋进坑里去。

在今天陕西的岐山、扶风、眉县一带，也就是周原地区，曾经是周人的发祥地，也是西周王朝的故都。这里就发现了不少西周晚期的青铜器窖藏。比如就在任家村，1940 年又发现了另一个西周贵族的青铜器窖藏。

那当时的人为什么要把原本摆放在庙堂之上的青铜礼器都埋到地下呢？很可能是因为西周末年犬戎入侵导致西周灭亡，直到周平王东迁洛阳，在周原这一带发生了严重的战乱。西周的贵族在逃离家园的过程中，没法把这些沉重的青铜器带走，只好仓促地挖个坑，埋在地下，希望有朝一日还能回到老家，再把它们挖出来。

然而，这些人很可能再也没能回来。而他们深埋在地下的青铜礼器，一直过了两千多年才被后人发现。

在光绪年间发现的这个窖藏里，出土的青铜器至少有好几十件。其中器形最大、文字最多，当然也是最重要的，就是大克鼎了。在 290 个字的铭文里，记载了周王对名叫“克”的贵族的任命和赏赐，赏给克大量的土地和臣妾。与大克鼎同出的，还有 7 件从大到小排列的小克鼎，后来流散到了世界各地［图 8］。

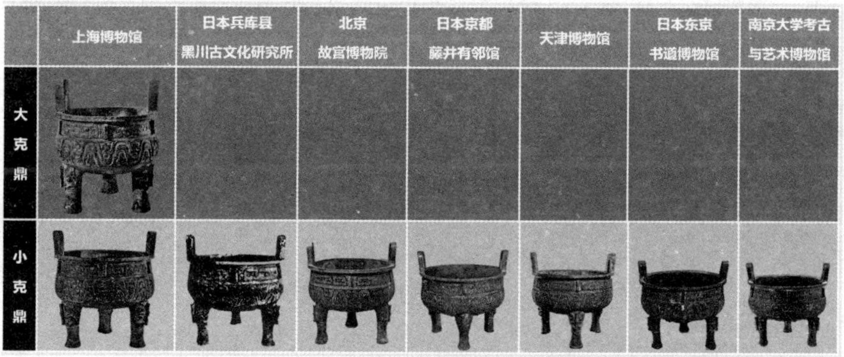

图 8　大小克鼎现藏地

所谓“大克鼎”“小克鼎”，实际是为区别它们的尺寸而取的名字，它们的作器者其实都是克。克的职官是“善（膳）夫”。“膳夫”

似乎只是个管理周王饮食的官员，但从大克鼎的铭文看，周王授予善（膳）夫克的职责可不是做饭，而是“出纳朕命”，也就是上传下达王的命令。

前面我们介绍过“列鼎制度”。善（膳）夫克可以用七鼎，可见他是周王身边一位地位非常高的朝廷重臣，相当于在外的诸侯。这就好比今天有“省部级”的说法，在外是省级，在首都与之相对的则是部级。

任家村出了那么重要的青铜器，这个消息很快就被远在北京的潘祖荫知道了。根据当时北京琉璃厂一个名叫赵信臣的古董商的说法，他曾专门到任家村为潘祖荫收购了多件青铜器。大克鼎是不是这个人收来的，那不一定。但有了鉴定、收藏大盂鼎在前，这回潘祖荫更有经验了，面对大克鼎，他应该没有再犹豫，尽快把它收了下来。

那么潘祖荫具体是什么时候得到大克鼎的呢？按照《潘祖荫年谱》的记载，是在光绪十五年（1889 年），也就是得到大盂鼎之后的第 15 年。这一年正好是潘祖荫的六十大寿。

在这个时候得到大克鼎，“海内三宝有其二”，潘祖荫当然是非常高兴了。刚到正月二十，他就邀请了很多朋友到家里来喝酒。根据其中一位参与者江标所作的《笘誃日记》，在这次聚会上，“见盂鼎及新出土大、小克鼎及中师父鼎诸铜器”。

这条日记是我们已知的关于大克鼎最早的记载。把它跟《潘祖荫年谱》对照，就可以推断出潘祖荫得到大克鼎的时间，应该是在光绪十五年的正月初一到正月十九之间，也就是公历 1889 年 1 月 31 日到 2 月 18 日之间。

在江标的日记里，“大、小克鼎”之前还有“新出土”三个字。那么算上到任家村收购，再从陕西一路运回北京的时间，大克鼎的出土时间最晚不会超过 1889 年的年初。最大的可能，就是在 1888 年。

那么，前面为什么说潘祖荫跟大克鼎“差一年就会无缘相见”

呢？因为就在1890年，北京从6月起“淫雨成灾”，发了大水。当时兼管顺天府尹事的潘祖荫忙于赈灾，设法调拨钱粮、开设粥厂，可谓劳心劳力。结果，到了10月，潘祖荫受了风寒，一病不起。最终在十月三十（1890年12月11日）与世长辞，终年61岁。

潘祖荫去世之后，一个很大的问题摆在眼前——他没有子女。临终前，潘祖荫指定弟弟潘祖年的长子潘树孳作为嗣子来继承家业。光绪皇帝还特地赏赐潘树孳为举人，照顾他直接参加会试。然而这个过继的儿子长到15岁就夭折了。

潘祖荫死后第6年，他的夫人也在北京去世。他弟弟潘祖年从苏州赶到北京料理后事，发现家里已经出现了文物、图书失窃的情况。看来这些宝物放在北京没有自家人照看，肯定是不行的。潘祖年决定尽可能把它们装上船运回苏州老家。

像大盂鼎、大克鼎这样的珍宝，名气实在太大，运回苏州并不是说就高枕无忧了，觊觎它们的人还在蠢蠢欲动，其中有位高权重的，比如已经收藏了海内三宝之一“毛公鼎”的两江总督端方，也有许以重金的外国收藏家。这些人都被潘祖年拒之门外，两件大鼎连看都没给他们看一眼。

潘祖年有两个儿子，除了过继给潘祖荫的长子，他的次子也夭折了。潘祖年比潘祖荫小了整整40岁，等他再想从堂兄弟那里过继儿子的时候，侄子们都已成年，于是只好过继了一个孙子。没想到这个孙子还是没能长大，只好再过继第二个，名叫潘承镜。

潘承镜终于长大成人了。到了1923年，他娶苏州丁氏女子18岁的丁素珍（一作丁素贞）为妻。本以为潘家的香火就这样有了传承，没想到婚后才3个月，潘承镜还没能留下子嗣，又染病身亡了。

到了这个时候，潘祖荫、潘祖年的孙辈就只有孙媳妇丁素珍一个人了。潘祖年决定不再过继孙子，而是让丁素珍改姓潘，取名潘达于。从此，潘达于就成了潘祖荫、潘祖年的实际继承人。

1925 年，潘祖年去世，守护大盂鼎、大克鼎以及潘祖荫其他珍藏的责任就落到了年仅 20 岁的潘达于的肩上。此后的 10 多年，尽管家道中落，但潘达于恪守潘祖年定下的“谨守护持，绝不示人”的规矩，把潘祖荫留下的稀世珍品牢牢地守护在了苏州南石子街潘家的深宅大院里。

但是，这样相对平静的日子，最终还是被战火打破。1937 年“七七事变”后，抗日战争全面爆发。没过多久，“八一三事变”淞沪抗战期间，日军就开始对苏州进行轰炸。

大鼎此时的主人无论如何也想不到，她竟然遇到了和两千多年前器物最初的拥有者一样的困境——外敌入侵，不得不逃离家园，又没有办法把这些重器随身带走。在这个危急的当头，潘达于冷静应对，打定主意，做出了和古人一样的选择——让两件大鼎再次入土。

潘达于先是叫木匠做了一个结实的大木箱，然后在农历八月十八、十九这两天的夜里，趁着夜色，在她住处的背后，搬开地面的方砖，挖了一个大坑，把大盂鼎、大克鼎和其他一些小件青铜器装进木箱，一起埋了下去。把方砖铺平之后，从表面上就很难发现了。

埋下大鼎后，潘达于到上海租界避难。不到两个月，日军就占领了苏州。先后有七批日军闯进潘家反复搜刮，甚至可能是带着目标的搜寻。万幸的是，尽管潘家财物损失无数，埋藏大鼎的土坑始终没有被发现。

1944 年，埋在地下的木箱腐烂，木箱顶上的方砖垮塌。潘达于赶忙带人把两件大鼎挖了出来，用旧家具在上面堆满，再把房间隔断不让人进入，就这样一直保存到中华人民共和国成立。

1951 年，当时的上海市文物管理委员会正在积极筹备上海博物馆的开办工作。居住在上海的潘达于知道了这个消息，慎重考虑后，做出了一个可以用“伟大”来形容的决定——无偿捐献潘家人拼尽全力、辛苦保护了 60 多年的大盂鼎、大克鼎。

1951 年 7 月 9 日，当时的华东军政委员会文化部收到了潘达于的来信［图 9］。信中陈述了保护大鼎的经过和捐赠大鼎的缘由：“窃念盂、克二大鼎，为具有全国性之重要文物，亟宜贮藏得所，克保永久。”愿将它们交由“上海市文物管理委员会筹备之博物馆，珍藏展览，俾全国性之文物得于全国重要区域内，供广大观众之观瞻及研究，藉以彰先人津逮来学之初衷”。

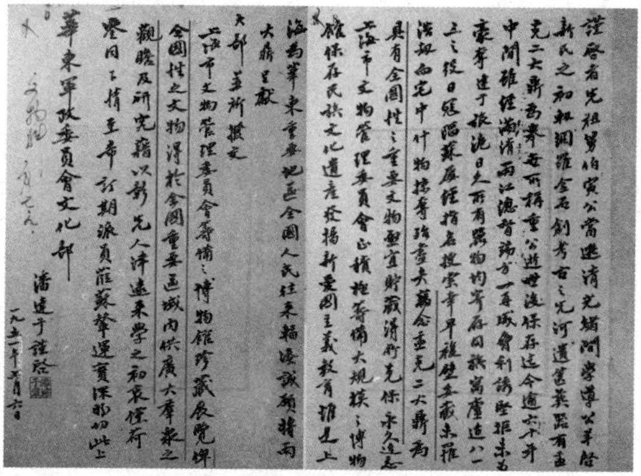
謹啓者先祖曾伯寅公當遜清光緒間學導公羊啓
新民之初粗搜羅金石創考古之先河遺留彝器有盂
克二大鼎為舉世所稱重公逝世後保存迄今適六十年
中間雖經滿清兩江總督端方一再威脅利誘堅拒未與
豪奪迨丁抗戰日人所有賊物均寄存因敵寓屢遭八一
三之役日寇蹈蘇屢經指名搜索幸早複壁密藏未罹
浩劫而宅中什物掠奪殆盡矣竊念盂克二大鼎為
具有全國性之重要文物亟宜貯藏得所克保永久近悉
上海市文物管理委員會正積極籌備大規模之博物
館保存民族文化遺產發揚新愛國主義教育誠是上
海為華東重要地區全國人民往來輻湊誠願將兩
大鼎呈獻
大部並祈撥交
上海市文物管理委員會籌備之博物館珍藏展覽俾
全國性之文物得於全國重要區域內供廣大群眾之
觀瞻及研究藉以彰先人津逮來學之初衷儻荷
鑒同不情至希訂期派員蒞蘇肇運實深盼切此上
華東軍政委員會文化部
潘達于謹啓
一九五一年七月六日

图 9　潘达于捐赠信

上海市文管会接受捐赠之后，即刻派人到苏州，到潘家宅院深处，打开了封存大鼎的小屋，取出了已落满厚厚灰尘而完整无缺的大盂鼎和大克鼎。此时恰在上海休假的青铜器专家、古文字学家陈梦家也一同前往，并亲自包装、搬运，确保大盂鼎、大克鼎没有丝毫擦碰损伤地运到了上海。

随后，上海市文管会举行了隆重的授奖典礼，向潘达于颁发了文化部部长沈雁冰（茅盾）签发的褒奖状［图 10］和奖金。此时潘达于的家境并不宽裕，但她还是将奖金全数捐出，支持抗美援朝运动。

褒獎狀

潘達于先生家藏周代盂鼎、克鼎，為祖國歷史名器，六十年來，迭經兵燹，保存無恙，今舉以捐獻政府，公諸人民，其愛護民族文化遺產及發揚新愛國主義之精神，至堪嘉尚，特予褒揚，此狀。

部長

一九五一年九月十三日

图 10　文化部签发的褒奖状

第二年（1952 年），上海博物馆正式成立，大盂鼎、大克鼎从此成了上海博物馆最重要的两件“镇馆之宝”。

此后的几年内，潘达于又向上海博物馆和南京博物院捐赠了总计 400 多件的青铜器及书画精品。可以说是倾其所有，支持了国家的文物事业。

1959 年，为了支援即将在北京建成的中国历史博物馆（中国国家博物馆的前身之一），上海博物馆在征得潘达于同意后，将大盂鼎送到北京展览。从此，大克鼎和大盂鼎便分居京沪两地。这一别就是 45 年。

2004 年，潘达于百岁诞辰。上海博物馆和国家博物馆联合为她祝寿。趁此机会，大盂鼎也从北京暂时回到了上海，在上海博物馆举办了“百岁寿星潘达于捐赠大盂鼎大克鼎回顾特展”。潘达于老人终于再次见到了她朝夕守护数十载又魂牵梦萦几十年的两件大鼎。

三年之后，2007 年 8 月 8 日，潘达于老人在苏州安然辞世，享年 102 岁。她的名字将永远镌刻在上海博物馆大厅中的捐赠者名录上。潘家数代爱国护宝的故事也将与大盂鼎、大克鼎一起，永载史册。

（上海博物馆　葛亮）

德鼎的『密码』

在上海博物馆的青铜器馆中，众多的奇珍异宝往往令人目不暇接。尤其是鼎，更是在青铜器中有着举足轻重的地位。然而，乍看起来，似乎并无太大差异的青铜鼎被制作的缘由却不尽相同。这也令它们有了独一无二的重要史料价值。德鼎、德方鼎是上海博物馆中国古代青铜器馆极具代表性的藏品。那么，这两个鼎到底是因何缘故被制作的呢？透过它们，我们又能解读出怎样的历史信息呢？

如果大家到过上海博物馆的中国古代青铜馆，一定会发现上海博物馆的第一大鼎——大克鼎——处在其中一个展区的中心位置，令人印象深刻。而在它的前头，同样在展厅的中心，还有一个稍小的大鼎，名叫“德鼎”。德鼎的高度有78厘米，重84.86公斤，是上海博物馆的第二大鼎。

大克鼎的作器者名叫“克”，德鼎的作器者则叫“德”。克所作的鼎在上海博物馆有大小两件，大的称为“大克鼎”，小的则称为“小克鼎”。德所作的鼎在上海博物馆也有两件，大的是圆鼎，小的是方鼎。我们把其中的圆鼎称作“德鼎”，把方鼎称作“德方鼎”。

先看德鼎。之前我们介绍过，上海博物馆青铜馆最大的特色是系统性，它展示的是一个相对完整的中国古代青铜器发展序列。那么，德鼎在展厅中位于大克鼎之前，说明什么问题呢？它的时代比大克鼎要早。简单地说，大克鼎是上海博物馆西周晚期大鼎的代表，德鼎则是上海博物馆西周早期大鼎的代表。

图1　德鼎

说到“西周早期”“西周晚期”，可能有点儿玄乎了。不要说普通观众，就是我在从事专业研究之前到博物馆看青铜器，也觉得它们都长得差不多，勉强分出夏、商、周就很不容易了，要说什么“早期”“晚期”，简直是一头雾水。

但是，如果我们定定心，仔细对比一下，早晚的变化还是很容易看出来的，以腹部的纹饰为例［图2］：

德鼎纹饰

大克鼎纹饰

图2　德鼎与大克鼎纹饰对比

德鼎的主体纹饰是比较具体的龙（或兽面）的形象。所谓“具体”就是说它是有鼻子有眼的，很形象。比如，在中间一组“兽面纹”上，我们很容易找到一双眼睛、两边的耳朵、顶上的角、下边的嘴巴、牙齿、长长的身体、卷曲的尾巴……可见，这是一个比较完整的“神兽”形象。只不过，这个形象是从中间“劈开”，向两边平铺开去的。这有点儿像咱们今天做“剁椒鱼头”，需要从中间一劈为二，再展开，似乎就有了两个身体、两张嘴。这其实是一种把立体形象平面化的办法。如果取兽面纹的一半，那就是一个侧视图，一般就称为“龙纹”。德鼎纹饰的两边，就是两个侧视的、头冲下的龙纹。

再看大克鼎的两条纹饰上边一条，仔细看能找到眼睛，还是兽面纹。不过它除去眼睛的部分已经严重变形，线条化了，很难再看出具体哪儿是哪儿了。图中下边一条纹饰则几乎完全是抽象的线条了。我们现在称它为“波曲纹”，意思是像波浪的弯曲的纹饰。这是今天我们的说法，古人是怎么认为的还不一定。

德鼎和大克鼎在纹饰上一个具体、一个抽象，这种差异就是从西周早期到晚期，古人审美观念变化的一种体现。如果大家多关注商周、秦汉时代的青铜器和其他门类的艺术品就会发现，那个时段古人的审美趋势，有几次在简单和繁复、具体和抽象间来回反复的过程，很有意思。

德鼎的价值，不仅在于它的体量、造型、纹饰，更重要的是它内壁上的铭文和铭文所包含的历史信息。

上海博物馆的展厅里，我们将德鼎铭文以特别的方式呈现，是用铜字镶在墙壁上的。这种呈现形式在我们青铜馆一共只有 4 处，分别是商代、西周早期、西周晚期和春秋青铜器铭文的代表作。德鼎铭文就是其中西周早期的代表。

我们看这些铭文［图 3］。铭文中，每个字不是一样粗细，而是肥瘦相间的；不是一字一格，而是错落有致的。可以说是典雅中透着灵动，非常耐看。

铭文的内容是“王赐德贝二十朋，用作宝尊彝”。翻译成现代汉语，就是周王赏赐给名叫“德”的人 20 串贝，德用来做了尊贵的祭器。

先看第一个“王”字。在介绍镶嵌十字纹方钺时，我们就说过，“王”字原本就像一个锋刃朝下的大斧头（大钺）的形象。钺是上古

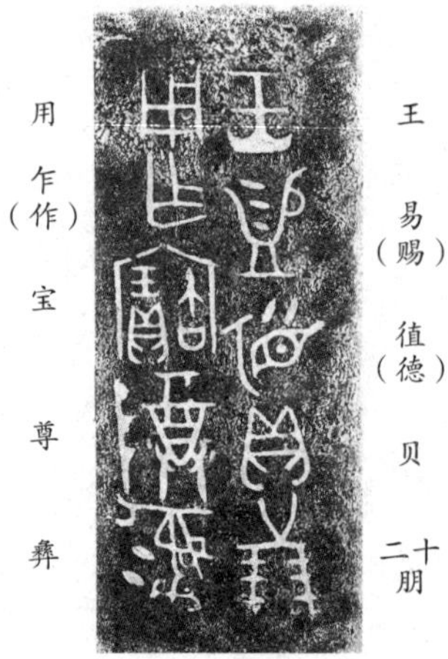

图 3　德鼎拓片及释文

时代的权杖，是军权的象征，后来又成为王权的象征。

德鼎的“王”字恰恰保留了大钺“锋刃”的部分，就是下边特别宽的肥笔。从这个字上，我们还能明显地看出它的造字本义。

要知道，德鼎的年代已经不是商代，而是西周早期了，但因为这是在青铜“重器”上做的铭文，所以特别讲究庄重、典雅。我们把它跟年代更早的商代甲骨文［图 4］对比，可以发现德鼎的“王”字更原始、更象形，保留了更多的历史信息。

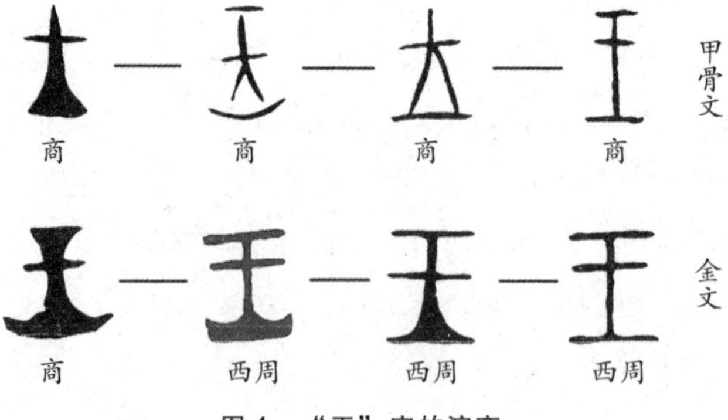

图 4　“王”字的演变

德鼎铭文的第二个字是变易、交易、《周易》的"易"。它是这篇铭文里最有意思的一个字，也是最有名的一个字。因为这个字的出现解决了长期以来在传世古书乃至甲骨文、金文里，一个非常重要、内涵特别丰富的字的来源问题、本义问题。

"易"字的本义，几千年来都是个大谜团。特别是《周易》这本书得名于"易"，虽然它是一本讲占卜的书，但里面包含了丰富的古代哲学思想，可以说"玄之又玄"，所以想搞清"易"字本义的人，历朝历代那是多得不得了。

但是，德鼎铭文这个最关键的证据，在20世纪50年代之前大概都没人见过，所以历史上的各种说法离事实都差得很远。比如，东汉许慎的《说文解字》就用秦汉篆书来分析，列了三种解释［图5］：

①蜥蜴，蝘蜓、守宫也。象形。
②《秘书》说：日月为易，象阴阳也。
③一曰从勿。

图5　《说文解字》对"易"字的解释

第一种是说"易"字象形，像蜥蜴。大概他觉得上边是蜥蜴的头，下边象身体和爪子吧。蝘蜓、守宫都是指壁虎，可见古人还把蜥蜴跟壁虎搞混了。

第二种是说"易"字不象形，它上边是"日"，下边是"月"。日月，象征阴阳。一讲阴阳，似乎就跟《周易》联系上了。

第三说，就认为"日月为易"不对，因为"易"字下边明明是"勿"。

一个字下列出三种说法，说明许慎也不知道哪个是正确的。关键的问题出在这个秦汉篆书的"易"字，它跟最初的"易"字字形已经相差甚远了。

后来，时代更早的商周青铜器、甲骨文大量出土，里面也发现了很多“易”字，就是图 6 中间的两种。这些字都是一撇、一个半圆、三个点，好像已经非常抽象了，也看不出是怎么来的。

图 6 “易”字的演变

一直到 20 世纪 50 年代，郭沫若先生在成立不久的上海博物馆看到了这件德鼎上的“易”字，他恍然大悟，一下子就把“易”字的来历给点破了——甲骨金文中笔画较少的“易”字，就是从德鼎的这类“易”字截取了一部分，等于是一个半截的字。难怪怎么都看不出它所表之意了（但郭沫若将德鼎之字释作“益”，是错误的）。

原来，因为“易”字很常用，古人图省事，一般就写个半截的“简体字”。后来的“易”字其实是继承了这个“简体字”，要从这“简体字”去找本义，肯定就跑偏了。

德鼎铭文里的“易”字虽然时代不算太早，但是它很完整，是一个特别保守，甚至有点儿复古的“繁体字”。从这个难得一见的“繁体字”就可以看出，“易”字最初是表示用一个带把儿的有流口的水器把水倒出去。它的本义应该就是把一个东西从一个地方给到另一个地方，就是变化、变易。

由此可以联想到，“交易”就是把我的一个东西给你，你也给我一个；“赏赐”就是把我的一个东西给你，你拿着就行了。

那么，《周易》的“易”的来历问题也就迎刃而解了，就是用的它的本义“变化”。《周易》就是讲变化的一本书，有人将其翻译为 *Book of Change*，很贴切。

“易”在德鼎铭文里表示赏赐的“赐”，而“赐”字就是在“易”旁加了个“贝”。那么周王赏赐给德的是什么东西呢？巧了，就是贝。

我想大家都知道，中国最早的货币就是用海贝来充当的。海贝又好看又好带，关键是对当时的中原王朝而言很不容易得到。所以海贝很早就被当作财富的象征，后来又被当作交易的媒介，也就是货币。

贝币［图7］，主要通行于商代和西周时期。德鼎是西周早期的，那时候用的就是贝币。不过，也不是说当时随便拿个贝壳就是钱。贝币一般是一头大一头小，中间有缝、有齿的贝壳。因为被用作货币，这种贝壳的名字后来就叫“货贝”。

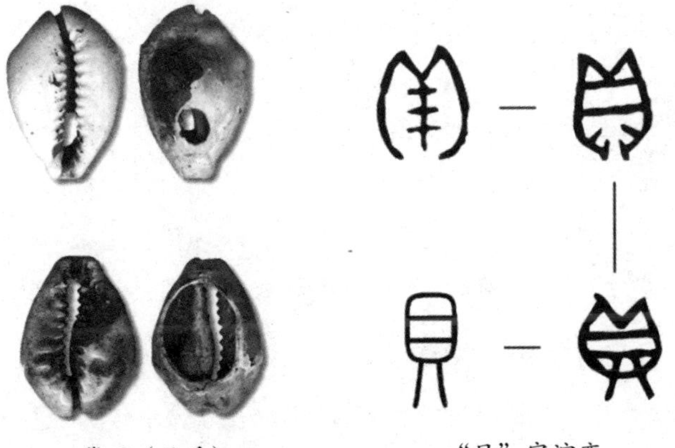

货贝（贝币）　　“贝”字演变

图7　贝币与“贝”字

古汉字“贝”，原本就像货贝。使用贝币的历史在我们的汉字里还留有很多痕迹，比如“财（財）”“货（貨）”“买（買）”“卖（賣）”，里头都有一个“贝（貝）”。

古人一般还会在贝币的背面打个孔，穿入绳子，串起若干贝币，一串串地使用。这样，既好带，又好计数。这跟后来的方孔圆钱“孔方兄”已经很像了。

到了西周以后，特别是春秋以后，大概是因为中原王朝的势力已经扩展到了海边，再用贝壳作货币那就要出大问题了。假若人们跑到沙滩上一看，“呦！满地都是钱！”那么国家的经济估计得崩溃。

于是，另一种贵重的一般人很难得到的东西——铜——就被铸造成货币，代替了贝币。最早的青铜铸币就像一个个小铲子，这就是“钱”。“钱”字的本义就是一种铲子。后来像铲子的金属铸币被叫作“布币”，则出于后人的误解。

那么，周王赏赐给德的贝有多少呢？“二十朋”。“二十朋”是三个字，但它们在铭文里却是连成一体的［图 8 左］。这是一种“合文”，就是把几个字写到一起，占一个字的位置。

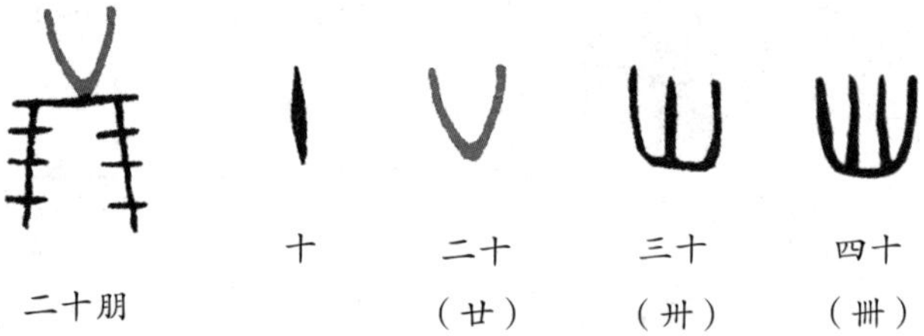

图 8　“二十朋”之“二十”

“二十朋”合文的上头是“二十”。“十”字原本是一竖，两竖搭起来是“二十”，三竖是“三十”，四竖是“四十”，这些都是“合文”。后来出现了“廿”“卅”“卌”，分别读作“niàn”“sà”“xì”，这些读音是后起的，原本念两个字：“二十”“三十”“四十”。

“二十朋”合文的下边是“朋”［图 9 左］。贝可以串成串，一串贝就叫一朋。把一串贝在中间一提，两边垂下来，就是这个“朋”字的样子，跟后来的一串铜钱差不多。

因为"朋"这个货币单位后来不用了，这个"朋"字也就消亡了。只有在像一串贝的"朋"上加了"人"字旁的字，也就是朋友的"朋"字［图9右］，一直用到了今天。

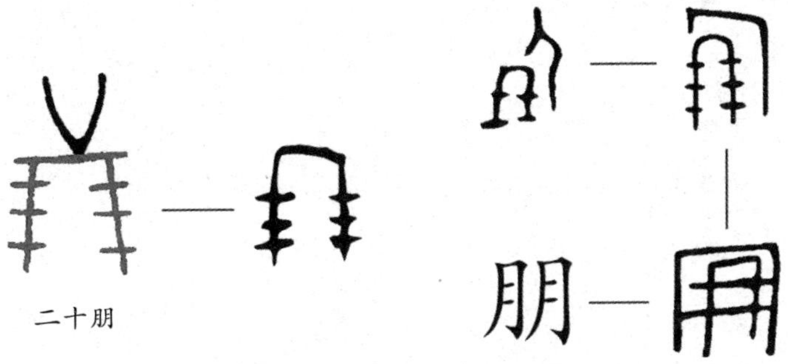

图9 "二十朋"之"朋"

所以说，朋友的"朋"字是两个月、两块肉，都是不对的，它就是一个"人"加上像一串贝的"朋"组成的一个形声字。

可惜，商周时代的一朋具体是多少贝，现在已经搞不清楚了。从商周时代主要使用十进制来推测，一朋可能是十个贝。周王赏赐给德"二十朋"，可能是两百个贝。

那么，德拿这些贝币干了什么呢？就是铭文的后半句所说的"用作宝尊彝"——拿来做了尊贵的彝器。"彝"原本表示杀俘献祭。"彝器"也就是祭祀用的礼器。德鼎就是一件"彝器"。

德鼎的铭文看完了，但里头说的事还不是很明白。

要知道，商周古人在青铜器上记事，一般都是为了把自己的功绩、荣耀给记下来，希望"子子孙孙永宝用"。但是，如果德的子孙真的把这件鼎一代代继承下来，到了今天光看这段铭文，恐怕他也弄不清他自己的祖先说的是怎么一回事了。因为这篇铭文里缺少了一些关键信息，带来以下三个问题：

第一，“王”是哪位周王？西周有12个王：武成康昭、穆共懿孝、夷厉宣幽。“王赐德贝”的“王”是其中哪一位呢？

第二，王为何赏赐德贝？德做了那么大一个鼎，却没说明是因为什么功劳、什么荣耀而做的，那不是太可惜了吗？

第三，“二十朋”价值如何？德拿着这些贝币，是只做成了这一件鼎，还是做了好多呢？有没有剩余呢？这也不知道。

这些问题的答案要去哪里找呢？答案去哪里找呢？我们可以看看上博收藏的另外一件德鼎——德方鼎。

图10 德方鼎

德方鼎的尺寸比较小，高度是24.4厘米。尽管体积小，它的制作工艺却同样精湛。

我们看它的纹饰跟德鼎的风格一样，中间是一个大兽面，很具体形象。上边的角、眼睛、耳朵、鼻子、嘴巴、牙齿，刻画得一清二楚。跟德鼎相比，它没那么宽，所以没有做出兽面后边的身体部分。但兽面的两侧也是向下的龙纹，跟德鼎的纹饰组合是一样的。

这种小方鼎流行于西周早期，后来基本就只有圆鼎了。在此之前，商代还流行大型的方鼎。比如，大家熟悉的"司母戊方鼎"，国家博物馆将其改名为"后母戊方鼎"。当然，从如今的古文字学研究水平看，这两个名字都是错误的。根据商代甲骨文的辞例，所谓"司母戊"三个字，实际是"姛戊"两个字。"姛"的读音也可以通过甲骨文中的异体字确定，它只可能与"司"相近，而与"后"无关。"姛"是商代人对年老女性的一种尊称，后来这个字消失了。"姛"字后来写作"姒"（但和姒姓的"姒"无关），所以这件大方鼎应该称为"姒戊方鼎"。

关于方鼎，还有一件趣事。之前我们说过，在周代，圆鼎要么是单件的，要么从大到小组成"列鼎"，也就是说，一般没有两件成对的，但方鼎确实有两件或几件做成一样的情况。

北京人艺有一出戏叫《古玩》，讲两个古玩商为凑一对古鼎，争斗一辈子的故事。在话剧版本里，道具鼎是两件商代式样的方鼎，选得相当合理。但是后来拍成电影，里头的鼎变成了两件西周式样的圆鼎。这就悬了，如果真有这么两件，很可能一真一假，也可能都是假的。

德方鼎的个头虽然小，铭文［图 11］却比德鼎长。后边两行跟德鼎一样，是"王易（赐）德贝二十朋，用作宝尊彝"，唯一的差别就是"易"用了简体字。德方鼎在这句话的前面多了三行字，内容特别重要，是"唯三月，王在成周，延武王祼自郊，咸"。

前半句的意思是，某年三月，周王在成周这个地方。"成周"，是西周的东都洛邑（现在的洛阳）。铭文里出现了"成周"这个地名，对我们判断人物、年代提供了重要信息。

"成周"这个地方是怎么来的呢？周武王灭商之后，他没有赶尽杀绝，而是把商纣王的儿子"武庚"封在殷地，也就是殷商旧都（现在河南安阳一带），让他继续统率殷商的遗民。另外周武王派了自己

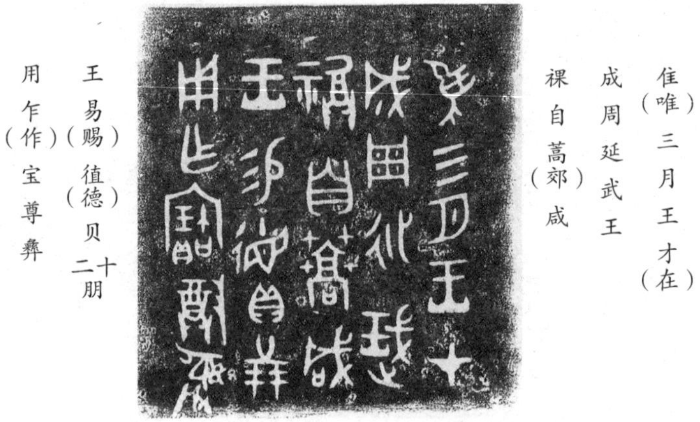

图 11　德方鼎铭文

的三个弟弟管叔、蔡叔、霍叔在武庚封地的周围设立“三监”（监视的“监”），让他们看着武庚，不让他闹事。

结果，“克商”之后才过了两年，周武王就死了。他的儿子成王即位，由周公辅佐。这个时候，“三监”，也就是成王的三个叔叔，竟然联合他们应该去监视的对象武庚一起造反了。刚刚即位的成王不得不御驾亲征，在周公的辅佐下，用了三年时间才平定了这场叛乱。

这里要说明的是，按照传统史书的说法，当时成王年幼，东征是周公去的。但是从几件出土的西周青铜器上的第一手史料看，当时成王的年龄恐怕不会太小，很明确地，他本人参加了东征。

平定了“三监之乱”后，成王和周公为了稳定东方，就在现在洛阳一代营建“东都”，也就是“成周”。

根据在陕西宝鸡出土的青铜器“何尊”（铭文中首次出现“中国”一词的何尊［图 12］）的记载，在成王五年，也就是平定“三监之乱”的两年后，“王初迁，宅于成周”。可见到了这个时候，“成周”应该初步建成了。

所以，德方鼎铭文说“王在成周”祭祀武王，那么它的年代就应

图 12　何尊及铭文

该在“成周”初步建成，成王“宅于成周”之后了。

综合德鼎和德方鼎的器形、纹饰、铭文来看，它们的年代基本可以定在西周早期的周成王时期，最晚不超过成王的儿子周康王时期。也就是说，德鼎、德方鼎铭文中的“王”，最大的可能是周武王的儿子周成王。这就解答了前头留下的第一个问题。

第二个问题，周王为什么要赏赐德？

德方鼎铭文有“延武王祼自郊，咸”。这句说的是对周武王的祭祀。其中有一个跟裸体的“裸”很像的字，它比“裸”少一个点，读作“guàn”。“裸”是衣字旁的，“祼”［图 13］是示字旁的，千万不能混淆。不知大家有没有发现，示字旁的字都是跟鬼神、祭祀有关系的，比如“神”“祀”“祖”“祭”，等等。

图 13　德方鼎“祼”字示意图

“祼”是一种重要的祭祀，是酒祭中的一个主要类别，大致就是用一个器具把祭祀用的香酒，浇到另一个承接物上，象征祭祀的对象（祖先或神灵）把这个酒喝了下去。德方鼎里的这个“祼”字，似乎就表示某种祼祭的形式——用双手捧着一个“斗”一类的东西，要把酒浇到某个器物上面。这个字的右边后来变成了声旁“果”，就看不出倒酒的动作了。

这种祭祀的名字有时候也写成另一个字——“灌”。灌水的“灌”和祼祭的“祼”，其实差不多是同一个动作。将来大家再看到这个“祼”字大概就不会念成“luǒ”了吧。

讲完“祼”，再讲“祼自郊”的“郊”。这个“郊”可不是“郊外”的意思，而是指祭天的地方，一般在南郊（一直到近代还是如此，比如北京天坛就在南郊）。祭天这个行为，也可以叫作“郊”，前面提到的何尊，铭文里有“祼自天”，跟这里的“祼自郊”正好对应，都是指祭天。

“延武王祼自郊，咸”的“咸”大约就是“都完成了”的意思。

这么看来，德受到周王赏赐的原因，就是他参与了这次对武王的祭祀活动。德具体做了其中的什么工作尚不可知，但是周王应该认为他干得不错，所以才给了德二十串贝作为赏赐。

德获得这样的荣耀之后，就做了青铜器，铸上铭文，记下这件事。青铜器不会像平时记事用的竹简一样很快烂掉，这样才能让后世子子孙孙永远铭记。

我们再看第三个问题。德鼎铭文说拿“二十朋”作宝尊彝，德方鼎也说拿二十朋作宝尊彝，哈佛大学藏的一件德簋的铭文也说拿“二十朋”作宝尊彝。这“二十朋”到底值多少钱呢？又是大圆鼎，又是小方鼎，又是簋，德拿这“二十朋”到底做了多少东西呢？

青铜器铭文中记有多少朋贝的，为数不少，但绝大部分都是赏赐。周王赏赐的贝是真拿来用了，还是以象征意义为主呢？如果拿来用了，是全部用来做铜器了吗？就算全用来做铜器，用完这些钱一共做了多少器？够不够？要不要自己再贴呢？这里头恐怕还有些难题。

也有少数铭文讲的是交易、买卖中使用贝，大概可以反映当时的实际情况，但是这种记载的数量太少，关键还有时代、地域的差别，物价的变化，也不能拿来作等价的换算。

所以，王赏赐德的二十串贝究竟有多少购买力，这个问题目前恐怕还没有答案。

看完德鼎、德方鼎，我想大家会有一个感受：古代青铜器上的历史信息非常丰富，其中包含了很多的层次。器形、纹饰、铭文和生产力、社会形态、审美趋势都密切相关。作为第一手历史资料的铭文，它里面的一句话、一个字甚至一个特别的字形（比如德鼎的“易”字），都可以为我们提供古代历史、社会某一方面的重要信息。

德鼎、德方鼎的出现解决了不少疑难问题，把我们一些零散的历史知识串了起来，让我们对西周历史的了解又进了一步。同时，它又留下了一些目前无法解答的疑问，有待我们继续探索。

（上海博物馆　葛亮）

来自《诗经》的酒器

上海博物馆有两件独特的器物。它们以精美的外观、繁复的纹饰、憨态可掬的造型从众多藏品中脱颖而出，格外受到观众的喜爱。这两件酒器就是在中国古代青铜馆中心柜里的亚㠱孤竹方罍和𠭯父乙觥。这两件珍品不仅仅向世人展示了商周时期的独特酒文化和精湛的青铜铸造技艺，更将“金罍”“兕觥”这些千百年来只存在于《诗经》里的词语变得鲜活而真实。那呼之欲出的浮雕纹饰，那精致巧妙的机关设计，即使岁月流转，尘封多年，也难以掩盖它们的魅力与风采，而今看来依然让人赞叹不已。

从参观中国古代青铜馆的观众那里，我时常会听到这样的抱怨：你们的说明牌上有好多不认识的字，看了半天，连文物的名字都念不下来。比如，这一篇要介绍的两件都是以器形、纹饰精美著称的名器，很受欢迎。然而它们的名字却又很拗口，一个叫亚㝨（xiàn）孤竹方罍（léi），一个叫**𠬝**（jǔ）父乙觥（gōng）。不但“㝨”“**𠬝**”两个字从未见过，要认出“罍”“觥”这两种器名也很困难。

尽管我们准备了标有拼音的辅助资料，但对于普通观众而言，要记住这些古器物的名字，还是很不容易的。主要问题是大家对这些东西太陌生了。这种陌生，很大程度上是因为当代人对先秦古书接触得太少，遇到青铜器说明牌上的生僻字，那肯定是读不懂了。

其实，在不少经典的先秦古诗、古文里，很多青铜器的名字都出现过。比如今天我们要介绍的两种，就同时出现在《诗经》中非常著名的一篇——《卷耳》里。

《诗经》的开篇是《周南》，《周南》的第一篇是《关雎》，第二篇是《葛覃》，第三篇就是《卷耳》。《卷耳》在《诗经》里非常靠前，读过的人应该不少，我们先一起看一看：

> 采采卷耳，不盈顷筐，嗟我怀人，置彼周行。陟彼崔嵬，我马虺隤，我姑酌彼金罍，维以不永怀。陟彼高冈，我马玄黄，我姑酌彼兕觥，维以不永伤。陟彼砠矣，我马瘏矣，我仆痡矣，云何吁矣。

关于这首诗说的是什么事，里面的“我”指什么人，历来有很多分歧。下面就按照我的理解来谈一谈。

第一句说的是，卷耳长得很茂盛，但是“我”连一个小筐都没装满，就因为怀念那个人，把筐搁在了大路旁。“卷耳”是一种可以食用的植物，可能是因为长得像卷起来的耳朵而得名，一般认为就是后来叫苍耳的东西。“采采”是形容长得茂盛，而不是说采了一棵又一棵。“顷筐”指倾斜的筐，类似簸箕，重点是这个筐不大却没装满。“周行”就是大路。这一句是讲“我”怀念远方的亲人。

后两句要合起来看，讲的是，“我”骑着马，登上高山，把“我”的马都累趴下了；为了不再无休无止地思念亲人，“我”就姑且从“金罍”里舀酒喝吧！“我”就姑且从“兕（sì）觥”里舀酒喝吧！第一个“陟（zhì）”字，是攀登、上升的意思。上古时代的帝王死了也叫“陟”，意思就是“上去了”，到上天、上帝①那里去了。“崔嵬（wéi）”“高冈”都是说山。“虺（huī）隤（tuí）”“玄黄”是说马疲惫不堪、病恹恹的样子。“永怀”“永伤”的意思都是“长久地思念”。

最后一句也差不多，就多出一件事——“我仆痡（pū）矣”——除了马，连“我”的仆人也累垮了。“云何吁矣”，真是让人叹息啊！

不知大家有没有发现，这首诗第一句的“我”好像是个女子，她在路边摘野菜的时候，怀念远方的亲人；后三句的“我”，策马登山、借酒消愁，好像又是那个被怀念的男子。这是怎么回事呢？

钱钟书先生在《管锥编》里专门分析过《卷耳》这一篇。他认为，这里的“我”应该就是先指妇人，再转而指丈夫。这种表现手法是所谓“话分两头”“双管齐下”“花开两朵，各表一枝”。钱先生的

---

① 自古以来，中国人就把想象中天上的统治者称为“上帝”，也叫“天帝”。基督教传入中国时，以“上帝”翻译God是借用了中国古代的概念。

说法应该是正确的。

那么，在《卷耳》这首诗里，那个“我”用来“酌酒”的，就是两件看起来很特别的东西——“金罍”和“兕觥”。咱们要介绍的“罍”和“觥”，就在这里一块儿出现了。

汉代以后的学者在解读《诗经》的时候，主要从文本出发，对什么是“金罍”，什么是“兕觥”作了很多分析，应该说是有得有失。咱们当代人的研究优势就是可以看到大量出土实物，里头就有真正的“金罍”，也可能已经有了“兕觥”。

下面我们就来看看“罍”“觥”这类古代典籍中的器物，是怎么跟博物馆里的文物联系上的。

先说“金罍”。在前面，我们已经讲过，上古时代所谓的“金”是指铜，“黄金”才是今天所谓的“金”。那么，《诗经》里的“金罍”应该就是指“铜罍”。

汉唐时代的人注释《诗经》的时候，往往没搞清楚这一点。他们大多把“金罍”解释成“黄金罍”，甚至附会出天子用玉装饰的罍、诸侯和大夫用黄金装饰的罍、士用木头罍的“制度”。可以说是越跑越远了。

“罍”是一种大酒壶。“罍”字上边的“畾”，原本是打雷的“雷”的象形字。所以，前人往往认为罍是由于浑身布满“云雷纹”而得名的。不过，出土的罍［图1、图2］不论是圆是方，它们的纹饰实际上是多种多样的，并不都是“云雷”。

那我们怎么知道这种出土的大酒壶就是古书中的“罍”呢？今天我们对古代青铜器的称呼有不同的来源，其中最可靠的是“自名”，就是说它上面有铭文，写明白这是个什么东西。罍这种器物就是有“自名”的。一般直接写成打雷的“畾（雷）”，后来在下边加了一个“缶”，表示它是一种类似“缶”的罐子。

图1　圆罍

图2　方罍

无论方罍、圆罍，他们的器形特征都是口小、肩宽，下边再收窄，三个鋬（读作 pàn，也可以理解为三个“耳朵”），两个在肩部，一个在下腹部。大家可以想象，古人用罍的时候，把上面两个鋬吊起来，再把下面的鋬一提，就可以把它倾斜过来，把酒倒出来。

下面来看这部分的第一个主角——亚寏孤竹方罍［图3］。这件罍本应有盖子，可惜盖子现在不知所踪。不算盖子，它的高度已经有53厘米了，还是相当有气势的。

图3　亚寏孤竹方罍

亚㠱孤竹方罍的年代是商代晚期。在周人的描述中，商人亡国的一个重要原因是他们奢靡、酗酒，周人希望能吸取这个历史教训。在商周时代的青铜器上，确实可以看到这样的特征：在商代晚期的青铜器里，酒器特别突出，而且往往带有非常细密、繁复的纹饰。纹饰在器身上层层叠加，铺得满满的，体现了所谓奢靡、酗酒的风气。到了西周以后，酒器的地位下降，食器成为核心。青铜器的纹饰也逐渐走向简单、舒朗、抽象。这种变化恰恰跟商周之际的历史相吻合。

亚㠱孤竹方罍就是一件商代晚期的“满工满花”的大型酒器。从它的身上可以看到，在这一时期，中国青铜器的装饰艺术达到了一个高峰。它的纹饰可以说令人目不暇接。整个罍基本没有空白的地方，但是纹饰满而不乱，层次感非常清晰。而且，它也不只是平面图像，而是向立体空间延伸。

整体而言，它的底层铺满了细密的云雷纹，象征天空；第二层，是龙、凤鸟、神兽的主体部分，它们是生活在天上的；第三层，是这些神兽突出的眼睛，还有角、嘴、尾巴等的末端也都是上翘的；第四层是扉棱，扉棱原本只是图像或器形的分界线，这里又形成一个高于图像的立体层次；最高一层是中间突出来的立体的兽首以及三个兽首形的鋬。

由于这件方罍的纹饰实在太繁密了，笼统地介绍恐怕是看不明白的。我们来看其中三段纹饰的特写。

先看最上面一段［图 4］。铺底的是卷曲的云雷纹。这种用卷曲的线条描绘云朵的方式一直延续了下来。哪怕到了当代，如果要画一个祥云图案，往往还是画成卷云。云雷的上一层是面对面的鸟纹。鸟的特征，比如尖钩形的喙、锋利的爪子、长长的尾巴，都刻画得非常生动形象。而鸟的眼睛又突出一层，尾梢也翘出来。这样一来，鸟就有了神采。再上面，就是三道突出的扉棱。

图 4　亚㠱孤竹方罍纹饰（颈部）

图 5 是亚㠱孤竹方罍肩部。面对面的，变成了龙纹。龙没有喙，而是张开大嘴，头顶上还有夸张的大角。它的中间是一个立体的兽首，比旁边的扉棱还要高。它有两个上翘的卷角，这种卷角是向外盘曲的，大概来自羊角。

图 5　亚㠱孤竹方罍纹饰（肩部）

图 6 是亚㠱孤竹方罍腹部的一段，一个巨大的兽面纹，它通过夸张的变形撑满了整个空间。中间借用凸起的扉棱做出鼻子；它的眼睛、眉毛、耳朵、嘴巴、角也都从身体上凸了出来；两个角上也有眼睛，好像也是两条小龙构成的；在画面的两侧是简化的身体，但是爪子还是很具体的，就像鸟的爪子，把整个神兽撑了起来。这样一个凶猛的神兽形象，虽然只是浮雕，但我们仍然能够感受到，它有一种呼之欲出的势态，非常有震撼力。

图 6　亚夔孤竹方罍纹饰（腹部）

这件方罍之所以叫亚夔孤竹方罍，是因为它的铭文［图 7］。

从图 7 中可以看出，这件方罍铭文左边是“亚夔”，“亚”字写成一个大框，包住了里头的“夔”。“亚夔”是作器者的族氏。“亚”原本是商代的一种职官，地位很高。有人认为是一种武官。后来“亚某”的子孙就沿用这个职官名做了自己的族氏名。这有点儿像“司马”“司徒”。这两姓原本也是职官，后来“司马某”“司徒某”的子孙就沿用“司马”“司徒”做了自己的姓氏。

图 7　亚夔孤竹方罍铭文

商代的亚有很多，具体到这一个族氏叫“亚夔”。这个“夔”字没有沿用下来，我们只能按照古汉字构型的一般规律来分析：“夔”字上边的部分和“宪”的繁体字“憲”上边相同，表示它的读音和“宪”相近或相同；其下是“夫”，表示它的意思是一种人，所以我们可以暂且读“夔”为“宪”。

这个铭文的右边是“孤竹”。“竹”字跟后来的隶书、楷书很像。“孤”的左边是“瓜”，右边是“子”，跟现在的“孤”正好相反，下边多出一部分，后来没了。

“亚窦”是作器者的族氏，“孤竹”则是作器者的国名。“孤竹”是商代一个边远的方国，一直到春秋时期还存在。这个国家比较偏僻，但我想很多人都听说过“伯夷叔齐”的故事。《史记》有十二本纪、十表、八书、三十世家、七十列传。列传是个人传记，它的第一篇就是《伯夷列传》。《伯夷列传》正式传文的头一句，就是：

伯夷、叔齐，孤竹君之二子也。

伯夷、叔齐是孤竹国国君的儿子，国君想让弟弟叔齐继承王位。结果国君一死，叔齐就要把继承权让给哥哥伯夷。伯夷认为父亲的意愿不能更改，结果他就跑了。叔齐一看哥哥跑了，非要他做国王，心想：“那不行，我也跑吧”。结果，这兄弟俩谁也不要国家了。他们听说“西伯昌”（也就是后来追封的周文王）善于养老，就一起去投奔他。结果刚到周的地界，西伯昌就死了。他的儿子周武王，决定东征伐纣。

伯夷、叔齐不同意以暴制暴，他们拦住周武王的马说：“你怎么能这样啊？父亲死了都没安葬就去打仗，这能算‘孝’吗？商纣王再怎么着也是君，你是臣。以臣弑君，能算‘仁’吗？”当然，他们没能拦住周武王。

等到周武王打败商纣王，建立周朝，伯夷、叔齐还是认为武王的做法不合道义。他们拒绝吃周朝的粮食，跑到首阳山躲起来了。两人只采野菜吃，结果双双饿死在首阳山。伯夷、叔齐的故事，现在听起来很“迂”，但“孤竹”这个国名就这么被很多人记住了。

孤竹国就在现在河北东北部到辽宁西部一带。1973 年，在曾经的孤竹国境内（现在的辽宁喀左县），发现了一批商代晚期的青铜器，上面就有“孤竹”的铭文。

上海博物馆这件方罍上的“孤竹”二字，长期以来不被认识，直到辽宁的商代孤竹国考古发现，才将地方和铭文对上了，学者这才确定，原来这两个字就是“孤竹”。上海博物馆的这件青铜器就是商代孤竹国的方罍。这是非常典型的考古发现证实传世文物年代、国别的例子。

我们看到了“金罍”的实物，那么“酌彼金罍”应该是个什么动作呢？“酌”，今天一般只出现在“斟酌”这个词里，似乎“斟”是倒酒，“酌”是喝酒。其实“酌”原本应该是舀酒的意思，它左边的“酉”代表“酒”，右边的“勺”是舀酒的工具。在《诗经》里可以看到“舀水”也叫“酌”，实际都是类似的动作。罍的设计虽然有三个鋬，可以倾倒，但大型的铜罍往往很深，也很重，估计还是直接从里头把酒舀出来比较方便。

说到这里，古人“酌彼金罍”的动作，我们就可以想象了。

自名“罍”的古器物，我们找到了。自名“觥”的，很可惜，至今未见。不过，只看“酌彼金罍”“酌彼兕觥”这两句话，也能分析得出一些端倪：

第一，罍、觥都是酒器。

第二，罍、觥都可以“酌”，就是从里头舀酒。

第三，罍是大酒罐，“罍”字下边的“缶”表示它的属性。

“觥”字右边的“光”表示它的读音，左边的“角”就应该表示它的属性。不过，“角”表示的属性既可能是指材质，也可能只是指其形状像角。现在我们可以看到一些牛角杯、犀角杯，“觥”如果是角做的，可能就是类似的东西。如果是形状像角的意思，在青铜器里也有仿角形的器物，比如河南安阳侯家庄出土的角形器［图 8］、山西石楼桃花庄出土的角形器［图 9］，整体上都是一个牛角的形状。这两件应该都是酒器，有学者认为这些器物就是“觥”。

第四，修饰罍的是“金”，说明“金罍”的材质是铜。

图 8　河南安阳侯家庄出土的角形器

图 9　山西石楼桃花庄出土的角形器

修饰觥的是“兕（sì）”，兕是什么呢？是觥的材质，还是造型呢？

按照先秦、秦汉古书的记载，“兕”是一种牛。而魏晋以后，以讹传讹地把兕说成了“一只角”的牛，后来普遍就认为兕是犀牛了。所以现在很多《诗经》注释把“兕觥”说成“犀牛角做的酒杯”是不对的。

在甲骨文里发现了大量的狩猎“兕”的记载，从甲骨文中的“兕”字［图 10］可以看出，它的角不是长在额头的，也不是朝前长的，而是往后倒的，这明显不是犀牛的特征。水牛的角才是往后倒的，而且特别大、有纹路，甲骨文“兕”就抓住了这个特征。

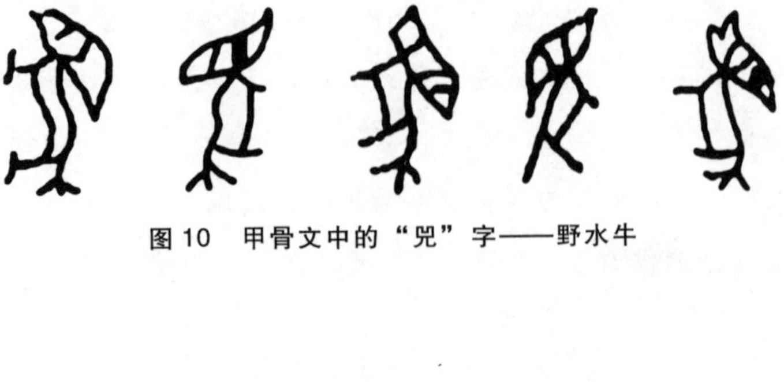

图 10　甲骨文中的“兕”字——野水牛

再加上，古生物学家对商代人猎获的动物的骨骼进行了分析，发现其中只有水牛，没有犀牛。所以我们可以确定，《诗经》时代所说的“兕”不是犀牛，而是野水牛。

那“兕觥”就是野水牛角做的“酒杯”吗？酒杯似乎只能喝酒，并不适合“酌”。但《诗经·豳风·七月》又说“称彼兕觥”。“称”是举的意思，好像“兕觥”又不太重，可以举起来。关键问题还是没有出现自名为“觥”的器物，所以“兕觥”到底是什么，一直没有定论。

在商周青铜酒器里，有这样一种很特别、很可爱的器形。它的盖子都有一个动物形的“头”；器身前高后低，有个流口，可以倒酒。像图11我们上海博物馆藏的这一件，还配了一个斗，说明它不但可以倒酒，还可以打开盖子从里边舀酒。

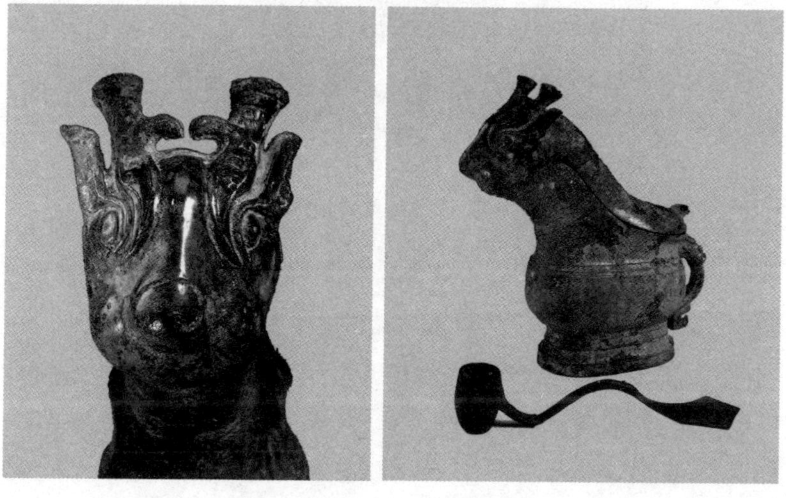

图11　现称“觥”之青铜酒器

王国维先生认为，这种青铜器才是“兕觥”。他写了一篇叫《说觥》的文章，举了六条证据，现在看来主要是两条：第一，这种东西是酒器；第二，它的盖子是“牛首”。

说这种东西是酒器当然没错，但这类东西的盖子上基本都不是某种具体的、现实中存在的动物的头部，而是各种古人想象中的、由各种形象组合起来的“神兽”的头。所以，王国维先生当年的论述，后来相信的人并不多。

好几十年过去了，我们比王国维先生看到的出土实物更多一些，其中就有带斗的，说明这类器是可以“酌”的。另外，在湖南衡阳和陕西周原，都出土了一种水牛形的“觥”［图 12］。通过甲骨文我们也认识到，兕不是犀牛而是野水牛。

图 12　兕首“觥”

那么，有了“可以酌”“确有兕形”两条证据，这类东西离“兕觥”似乎又近了一点儿。我们暂且就称这类器物为“觥”。

在上海博物馆中国古代青铜馆，最精美的一件“觥”就是“𠦪（jǔ）父乙觥”［图 13、图 14］。

这件东西的精巧之处，令人目不暇接。它侧面最大的一个纹饰是长冠、钩喙、大翅膀、长尾巴、尖爪子的大凤纹。在它的翅膀上还有一个小凤纹，下边圈足上又有一个形态不同的长尾凤纹。

从正面看，它的兽首有点儿像鹿，又有点儿像兔子。看耳朵它比较像兔子，但是它有角。说是鹿的话，鹿又没有这样蘑菇状的中间有小弯钩的角。现实中没有这样的动物，我们暂且就叫它“神兽”。

图 13 **𡿨**父乙觥（侧面）

图 14 **𡿨**父乙觥（正面）

图 15 **𡿨**父乙觥（盖上纹饰拓片）

这件器的盖顶上也很精彩。从拓片［图 15］来看，它的花纹就非常清楚了。盖的中间是从神兽的头顶一直延续到背部的“脊棱”，也是一条小龙的形状。小龙的两侧先是蛇纹。可以看到蛇跟龙的最大区别在于它三角形的脑袋。蛇纹后面是高冠、钩喙、长尾的凤纹。盖顶的后部是一个兽面纹，从角的形状看，它很像牛头。这个兽面的奇特之处在于它有个翘起的“舌头”。这个“舌头”除了装饰，还有实际的用处。容器的盖子，一般得有个捉手才好打开。**𡿨**父乙觥的盖子既然做成了神兽，再安个捉手就显得比较突兀了。而有了“牛舌”，我们就可以一手在前托住兽首一手在后托住“牛舌”，很容易也很稳当地打开盖子了。

𠔁父乙觥的器盖都有铭文［图16］，都是“𠔁（jǔ）父乙”三个字。“𠔁”像一个人举着手，后来不单独使用了，但还在其他汉字里充当偏旁，表示“jǔ”这个读音。所以我们知道，这个字应该是“举”的象形初文。“𠔁”是这件“觥”的作器者的族氏。“𠔁”在商代是个大族，很多地方都出土了他们的青铜器，一直到西周这个族氏还在。

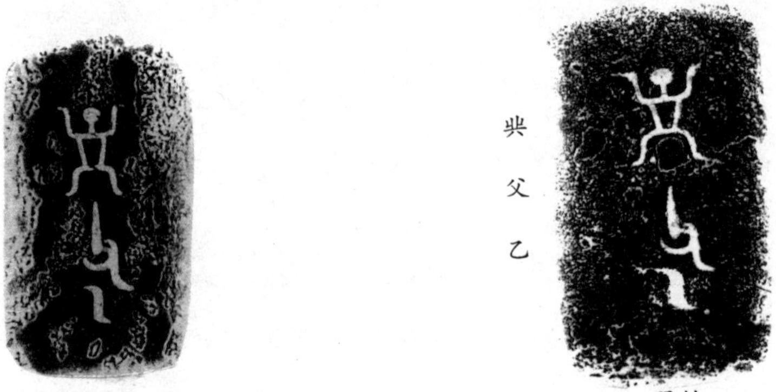

盖铭　　器铭

图16　𠔁父乙觥铭文（器铭、盖铭）

“父乙”是这件“觥”的作器对象。“父”说明他是作器者的父亲。那他的父亲为什么叫“乙”呢？因为商族有用天干给亡故的祖先命名的做法。到了周朝，商的遗民还保留了这个习惯。所以，从铭文看，“𠔁父乙觥”既可能是商晚的，也可能是周初的，而商末周初的青铜器有时就是无法截然分开的。那怎么确定它的年代呢？还得靠考古发现。这种神兽形象还真不少见，下面举两个最近出土的例子。

图17是2011年在湖北随州叶家山西周墓地出土的一件“觥”，器形跟𠔁父乙觥非常接近，但是器身的纹饰不一样。它的兽首也是菌状柱带小枝角，有点儿像鹿的形象。

图 17 随州叶家山西周墓出土的“觥”（正面、侧面）

图 18 是 2013 年在陕西宝鸡石鼓山西周墓地出土的两件动物形青铜器，器形跟**丵**父乙觥不一样，但两个兽首也是菌状柱加枝角，枝角特别长还交错着。

图 18 宝鸡石鼓山西周墓出土的动物形尊

这些相似的“神兽”显然是有联系的。从这类兽首的形象，从叶家山西周墓地出土的几乎同形的器物看，**丵**父乙觥的年代可能也到了西周早期。

随着科学考古发现的成果越来越多，博物馆里大量年代、族属并不确切的传世文物，终有一天都会找到它们自己的历史定位。

说到最后，《卷耳》里的“金罍”落实了，“兕觥”恐怕还没有。不过，就亚窦孤竹方罍和𠔁父乙觥本身而言，它们已经足够精彩、足够耐看了。这里只选了几个面、几张照片来介绍，跟看实物相比还是差得很远。这两件东西都在上海博物馆中国古代青铜馆的中心柜里，欢迎大家来全方位地观察，一层一层地欣赏它们的器形、纹饰、铭文，体会古人的审美意味。

（上海博物馆　葛亮）

吴王的『礼物』

在上海博物馆的诸多藏品之中，吴王夫差盉绝对是极具话题性的收藏之一。两千多年前的吴越争霸，夫差、勾践之间的恩怨情仇，美女西施的沉鱼之貌，似乎都镌刻在了吴王夫差盉上。光阴似箭，寒来暑往，这件吴王夫差盉冲破了历史尘封，完好无缺地被保存于上海博物馆，可这中间又有着多少曲折和离奇呢？吴王夫差盉给我们今人带来了怎样的历史信息，令我们能一窥春秋战国时期的社会风貌呢？

在上海博物馆青铜馆有这么一件东西，它的个头并不太大，高度不到30厘米，但是在1995年它的入藏仪式上，当时的馆长马承源先生罕见地使用了“镇馆之宝”这个词来称呼它。马先生当时说：“这件公元前5世纪七八十年代的珍品，将永久成为上海博物馆的镇馆之宝，我们将要立即放在陈列室中向公众展示。”

今天我们读到这段话，还能感受到马先生当时激动的心情。那么，这到底是怎样的一件珍品，会让当时最顶尖、最权威的青铜器研究专家马承源先生如此激动呢？

从马先生的话里我们可以知道，这件青铜器的年代是公元前480年左右。这是什么时候呢？简单地说，就是春秋晚期。这个时候在江南、上海一带，发生的最重要的历史事件就是“吴越争霸”。

今天上海的东部，包括上海博物馆所在的上海市市中心，当时还是一片汪洋。不过上海的西部历来就是陆地，当时这块陆地正夹在吴越两个国家中间［图1］。上海在地理位置上更接近吴，春秋时期就是属于吴国的。

很多朋友都知道，吴王阖闾在伍子胥和孙武的辅佐下，把吴国建设成了东南地区的军事、政治强国，甚至把楚国的首都都打下来了。但是，阖闾在与越国的战争中受了伤，不久就去世了，他的儿子夫差继承了吴国的王位。夫差为父报仇，大败越军，把越王勾践围困在了现在绍兴附近的会稽山上。然而夫差没有斩草除根，在这个关键时刻，他接受了勾践的投降。

后来的故事，我想大家就更熟悉了。越王勾践先是“卧薪尝胆”，甘为人下，甚至“为夫差前马”。被释放回国之后，勾践又着力发展

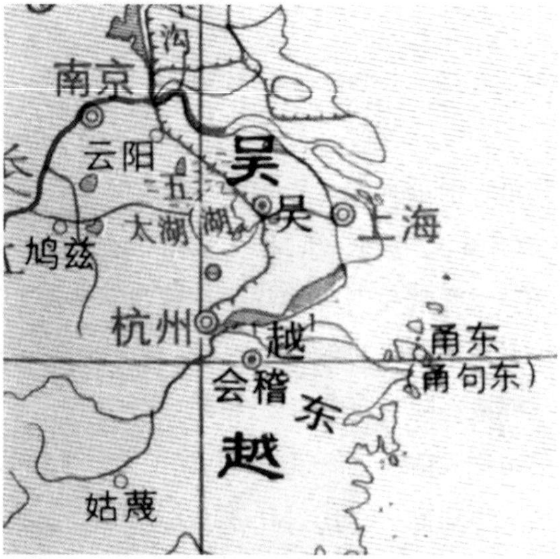

图 1　吴越形势图

经济，就是所谓“十年生聚”。另外，他还把越国的美女西施进献给夫差，使夫差沉迷于美色。最终，勾践重振越国，打败了夫差，吴国由此灭亡。①

我们这里要介绍的镇馆之宝就是吴王夫差为一位“女子”所做的青铜器，它的名字叫“吴王夫差盉”。

图 2 所示就是吴王夫差盉。“盉”是它的器名，“禾”表示读音，“皿”表示意思，说明它是一种器皿。乍一看，它有点儿像咱们家里用的烧水壶。那它为什么叫“盉”呢？

之前说过，要确定青铜器的器类，最直接的证据是“自名”，也就是铭文里写了这是一个什么东西。1980 年，同样在曾经的吴地——苏州出土了一件造型跟吴王夫差盉几乎相同的器物，上头有铭文“楚叔之孙途为之盉”。由此可见，这类器物的自名就是“盉”。

① 当然，这里故事的成分比较多。从战国到汉代，吴越故事的情节越来越离奇，除了勾践励精图治最终打败吴国，其余大多是一层层附加上去的传说，而非历史事实。

图2 吴王夫差盉

关于“盉”的用途，前人往往根据它的读音，往“调和”的意思去推测。比如《说文解字》认为盉是调味器，王国维先生认为盉是调酒器，这恐怕都不可信。要确定一个古代器物的用途，关键不是它叫什么名字，而是在考古发现中它跟什么器物一起出土，跟谁构成“组合关系”。

比较典型的盉，基本都是跟盘作为一套一起出土的。盘盉组合不是倒酒的，而是一套“沃盥”用的水器。什么是“沃盥”呢？说白了，就是洗手。

古人在重大的祭祀、宴会等场合都要净手。但是古代没有自来水，在殿堂上洗手也不是很方便。那就要用这样一套器物。图3就是古人“沃盥”的过程。上边拿一个东西往下浇水，这个动作叫“沃”。“沃”的工具起先是盉，后来也用“匜（yí）”，图3左上角没盖的那个就是匜。盉跟匜都有一个长嘴，专业的说法叫“流”，可以浇水；有一个把儿便于倾倒；下边都有腿，方便浇水，把水加热。用盉或匜浇下来的水，在中间洗手，下边再拿一个盘，承接废水，这个动作就叫“盥”，也就是今天常见的“盥洗室”的“盥”。“盥”字原本就表示

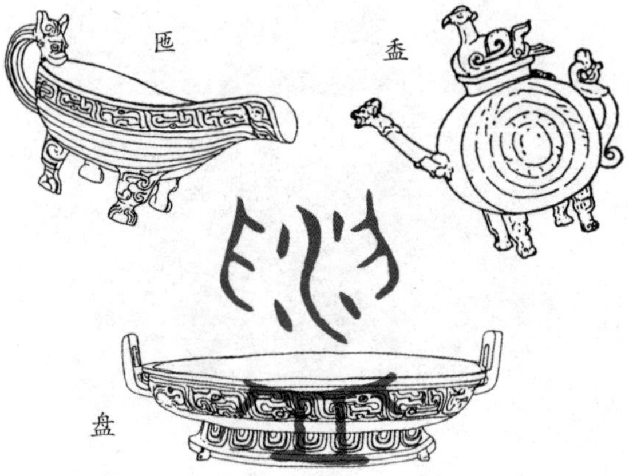

图 3　沃盥示意图

左右两只手、中间一道水，下边一个盘的样子，非常形象。图 3 中灰色的就是古汉字“盥”。

当然，要说盉只能倒水，绝不能倒酒，那也未必。尤其是吴王夫差盉这种春秋晚期的盉，在不同的地区，它既有跟水器组合的，也有跟酒器组合的。这就像咱们家里的“壶”，放在餐桌上倒酒的是酒壶，放在厨房里烧水的是水壶。它们的形状其实差不多，就看用在哪儿了。

吴王夫差的这件盉一看就不简单。它的做工极其精美，是当时最先进的几种铸造工艺的一个结合体。

它的提梁是由许许多多的小龙缠绕在一起所构成的，中间是镂空的，一般称为“透雕交龙纹”。虽然叫“透雕”，但它不是拿刀雕刻出来的，而是用“失蜡法”铸造而成的。所谓“失蜡法”就是用蜡模代替陶模来翻范铸造。大家都知道，蜡的可塑性非常好，可以捏出各种镂空穿插、细密繁复的造型。浇铸铜液之前，只要把蜡模加热，让它融化、流出（也就是所谓“失”蜡）要铸造的器的形状，自然就留在了陶范（亦称“印模”）里。当时，失蜡法还是很先进的工艺，代表了青铜铸造技术的发展方向。

提梁上的小龙组成一条大龙的身体。出水的流口则是一个龙头，后头还有尾巴。龙的背脊上似乎少了一截，那可不是坏了，而是为便于手提特别做的设计。

盉的器身部分布满了极其细密的纹饰。细密到什么程度呢？说实话，隔着展柜用肉眼看，要一条条分辨出线条是相当费神的。这些纹饰是由无数微小的“变形卷龙纹”组合而成的。它的做法也是当时的一种先进技术，叫“印模法”，就是先把纹饰雕刻在一块陶模上作为一个单元，再用陶模在还没干的陶范上反复压盖出连续的图案，之后再进行浇铸。

这件盉的提梁、流口和三足都是分开铸造，最后再用模范法合铸到一起的。以上这些先进的工艺充分体现了吴国王室青铜器高超的铸造水平。

对于这件盉而言，更值得重视的是在它的“肩部”（器身上像人的肩膀的位置）有一圈铭文，一共 12 个字。图 4 中的铭文从右侧中间开始读，先看到的就是“吴王夫差”这几个字。

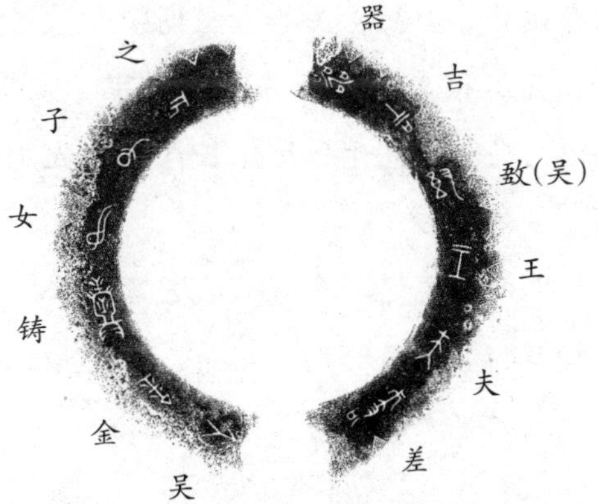

图 4　吴王夫差盉拓片及释文

在春秋时代，吴国人对自己的国名有几种不一样的写法，这里的“敔”是用左边上下两个“五”相叠的字形。“王”下边两个字跟隶书、楷书差不多，一对照就可以看出，那就是大名鼎鼎的“夫差”。要是把整篇铭文以顺时针方向念下来，就是：

吴王夫差吴金铸女子之器吉。

这句话好像不是很通，还冒出两个不一样的“吴”字。不过，大家看到“吴王夫差……铸女子之器”这样的话，应该不难想到这是夫差为一位“女子”所做的盉。那么，夫差所宠爱的女子，最著名的当然就是传说中的西施了。这件器物会不会是夫差为西施所做的呢？

“女子”的身份问题，咱们按下不表。先来看看这件珍贵的吴王夫差盉是怎么来到上海博物馆的。

那是在 1995 年，当时，现在的这座上海博物馆的馆舍正在建设当中，然而建设资金还有很大的缺口，怎么办呢？

那个时候，香港有一批从内地（主要是上海）移居过去的收藏家，他们和香港本地的收藏界人士一起组建了几个活跃的收藏家团体。长期以来，他们都在关心上海，关心上海博物馆。当知道上海博物馆正在建设新馆的消息，很多先生都表达了资助、捐赠的意愿。于是，时任上海博物馆馆长马承源先生、副馆长汪庆正先生就经常往返于沪港两地，募集建设资金。

两位先生的努力可以说是卓有成效。大家如果到上海博物馆来参观，会发现我们所有的展厅都有两个名字。一个是标准化的，另一个则是用捐资装修者的名字来命名的，如表 1 所示：

表 1

标准馆名	以捐资者命名的馆名
中国古代青铜馆	胡宝星青铜馆
中国古代雕塑馆	屈桂流雕塑馆
中国古代陶瓷馆	徐展堂陶瓷馆
中国历代书法馆	朱昌言、陆宗霖、叶仲午、董慕节、顾小坤书法馆
中国历代绘画馆	邵逸夫绘画馆
中国历代印章馆	秦力人、朱仁明印章馆
中国历代货币馆	史带货币馆
中国古代玉器馆	何鸿卿玉器馆
中国明清家具馆	庄志宸、庄志刚明清家具馆
中国少数民族工艺馆	嘉道理少数民族工艺馆
第一展览厅	葛士翘展览厅
第二展览厅	梁銶琚展览厅
第三展览厅	范季融、胡盈莹展览厅

除了资助场馆建设，捐献文物的那就更多了。可以说，上海博物馆能在 20 世纪 90 年代建成国内最先进的现代化博物馆，和海外收藏家群体的鼎力支持是分不开的。

两位馆长去香港还带着一个任务，就是为充实新馆陈列征集文物。1995 年的一天，马先生就在香港的文物市场看到了这件吴王夫差盉。

要知道，能够遇到一件吴王夫差的东西已经是非常难得了。再加上又是目前已知的唯一一件夫差盉，它的制作工艺那么高超，品相还那么好，更不用说还是夫差做给一个神秘女子的，这实在是一个千载难逢的机遇。我想，马先生当时一定非常兴奋，当场下定决心，一定要把这件宝贝征集回来。

经过与古玩商再三协商，吴王夫差盉的价格最终确定为 150 万港元。150 万港元在当年是一笔巨款。而当时已经接近年底，上海博物馆当年的文物征集经费早就用完了。尽管如此，马先生“爱盉心切”，还是说服古玩商先把盉带回了上海。

古玩商虽然同意了，但提出了一个条件：货款必须在半个月内付清，否则就把吴王夫差盉收回。

回到上海，马先生可犯了愁：馆里的经费肯定是没有了。给市政府写报告申请吧，半个月怎么也来不及。香港方面一直催，马先生只好一再保证：半个月内款不到，东西一定奉还。嘴上虽说“奉还”，可心里哪舍得啊！眼看就到了第十天，在博物馆上下一筹莫展的时候，马先生接到了一个来自香港的电话。

电话那头是香港工商业巨子何鸿章先生。何先生说：“有人告诉我，上海博物馆想买一件非常好的青铜器，但没有钱。我可以买吗？”马先生回答：“我们买不起，你当然可以买。你买了以后，可以放在我们这里。这件东西个人保管没有意思，在博物馆陈列最好。”

这两位先生很有意思，一位不直说“买了捐给上海博物馆”，另一位也不提捐献的事，只说这个东西很重要，可以放在博物馆。其实，他们双方心中想要说的是什么，彼此都很清楚。

马先生又告诉何先生，这件东西目前已经在上海了。何先生问到了付款日期和古玩商的电话、地址，说：“我一定解决这个问题”，然后，就把电话挂断了。

过了半个小时，何先生的电话又来了。他说：“马馆长，是不是150万港元，你说清楚。”得到马先生肯定的回答之后，何先生又说：“古玩商就在我办公室，我马上签支票给他。”

就这样，何鸿章先生人在香港，就把已经在上海的吴王夫差盉捐赠给了上海博物馆。他后来说：“这么重要的文物还是留在上海好，这样，‘吴王’就定居在上海了。”

1995年12月27日，上海博物馆举行了“接受香港何鸿章先生捐赠吴王夫差盉”的仪式。于是，就有了开头所说的马承源先生将吴王夫差盉称为上海博物馆“镇馆之宝”的那一幕。

那么，何鸿章先生为什么要捐赠吴王夫差盉，他与上海博物馆又有怎样的渊源呢？

何先生的祖父是曾经的香港首富 Robert Hotung，中文名字叫何东，也叫何启东、何晓生。何东和康有为是好友，支持过戊戌变法，后来又支持孙中山先生领导的辛亥革命。在上海，何东也曾拥有相当大的产业。

何鸿章先生是何东的长孙，1926 年出生于香港，3 岁就随父母到上海，一直到 1947 年赴美留学。他的童年和青年时代基本就是在上海度过的，能说一口地道的老派上海话。何先生自己也说，上海是他真正的故乡。他的故乡的情结从来没有断过。

从何东开始，何家就有收藏的雅好。到了何鸿章这一辈，他的弟弟何鸿卿是一位玉器收藏家，经常到上海博物馆来看玉器，是上海博物馆的老朋友。上海博物馆的中国古代玉器馆就是由何鸿卿先生资助装修的，因此命名为“何鸿卿玉器馆”。

看到弟弟为上海博物馆捐款，何鸿章也想为上海博物馆的建设出一份力，资助一个项目。得知这个消息，上海博物馆多次跟何先生接洽。1995 年又恰好是何先生七十大寿之年，上海博物馆特地为他祝寿并把他介绍给上海的文物界，最终促成了这项资助。

这个项目是什么呢？大家恐怕不容易看到，它深藏在上海博物馆的地下，是一个江南园林风格的古色古香的文物提看室。

作为研究、欣赏文物之地，20 多年来，这里接待了无数来自五湖四海的专家、学者和贵宾。这间屋子的名字就叫“何东轩”，是为纪念何鸿章先生的祖父何东而命名的。屋子门前的“何东轩”三个字，就是由马承源先生亲笔题写的。

何东轩建成之后，何鸿章先生得知实际的建设经费超过了他的捐赠金额时，感到很抱歉。他说，对上海博物馆还应该有更多的帮助，捐款也不是一次的事情，今后希望还有机会。这个机会很快就来了，那就是吴王夫差盉之事。

马承源先生曾经感慨地说：人要有交情，没有交情，就办不到这个事情。马先生交朋友有两个原则：第一，不违反国家的法律和规定；第二，对博物馆有利。在这个前提下，上海博物馆总是尽其所能，给学者、藏家帮助，以真心取得了社会各界的信任。今天大家如果来上海博物馆就会发现，在我们的文物说明牌上，像吴王夫差盉一样注明捐赠人的还有很多。

吴王夫差盉回归吴地入藏上海博物馆之后，相关的研究工作马上就展开了。

这件器物的作器者是吴王夫差，那么它的年代笼统地说就是春秋晚期。具体地说，（它的年代）则是在吴王夫差即位的公元前 495 年到被越王勾践击败、吴国灭亡的公元前 473 年，这 23 年之间。剩下的关键问题就是它的“作器对象”，也就是所谓“作女子之器”的“女子”到底是谁。

盉这种器物跟女性的关系确实是比较密切的。前面说过，盉主要用作水器，具体而言，则是“沃盥之器”。这类水器有个特点，就是在制作给女性的器物中所占的比例很高。在做给妻子的器物或者做给女儿、妹妹陪嫁的器物里，常常就有盘盉或盘匜的组合。有人认为这是婚礼仪式上的需要，也有人认为这有对女子整理妆容或侍奉公婆的劝勉之意。

比如，我们上海博物馆青铜馆里就有著名的子仲姜盘［图 5］。它是晋国的某位太师做给“子仲姜”的。这是一件非常生动、非常女性化的器物，盘内有各式水禽，其中站立的那些都可以旋转。

另外还有一件齐侯匜［图 6］，是齐侯做给“虢孟姬良女”，用来倒水的。

图5 子仲姜盘

图6 齐侯匜

“子仲姜”和“虢孟姬”都是典型的女子名。为什么这么说呢？在周代，姓和氏有严格的区别。女子称姓，男子称氏。姓，表示母家所出，用以区别婚姻，“同姓不婚”。用作姓的汉字原本都是“女”字旁的，如“姚”“姬”“姜”“嬴”等。氏，表示父家所出，用以区别贵贱，用作氏的汉字很多源自地名、职官，基本都没有女字旁。比如“子仲姜”里有“姜”姓，可见她是一个女子，可能来自齐国，是个山东姑娘；“虢孟姬”则是一位来自虢国的“姬”姓女子。又比如大家都以为秦始皇叫“嬴政”，这其实是用后来的习惯称呼古人。当时男子称氏，秦王是嬴姓、赵氏，应该叫“赵正”。北京大学近年新收藏的汉简《赵正（政）书》，就是讲秦始皇的。

总之，盉这种器物常常是为妻子、女儿或妹妹所做的，那么吴王夫差盉铭文里的“女子”，究竟是夫差的什么人呢？

最初的研究者认为，在春秋时代的青铜器上，只要出现贵族女子的名字，一般都会包含她的姓或者国名，就像“子仲姜”“虢孟姬”那样。而吴王夫差盉上只写了“女子”二字，既没有姓也没有国名，很奇怪。他们就推断，这个“女子”不是贵族出身，本没有姓。那吴王夫差会为哪个平民出身的女子做一件异常精美的器物呢？按照最初研究者的说法，“不能排除女子其人，为西施的可能”。这种说法还是比较严谨的，它跟这件盉一起发表，引起了很多人的兴趣。虽然影响很大，但实际上是有问题的。

先不说历史上是否真有西施其人，就说“女子”这个词，恐怕也不能理解为“平民出身的女性”。要确定一个词在古代的意思，关键是看它在同时代的文献里的用法。在周代，“女子”这个词主要有两种用法：泛指的时候表示女性，特指的时候则表示女儿。

“子”，就是孩子的意思，原本是不分男女的。为了有所区别，古人把男孩儿叫“男子”、女孩儿叫“女子”。比如，《诗经·小雅·斯干》有“乃生男子”“乃生女子”，即生了男孩儿、生了女孩儿；《左传·襄公二十六年》有“宋芮司徒生女子，赤而毛”，即宋芮司徒生了一个皮肤发红、身上长毛的女孩儿。后来，“子”字虚化了，“男子”“女子”才成为对男性、女性的泛称。

在其他春秋时代的青铜器上，也有称女儿为“女子”的例子。比如，山东出土的“寻仲”为女儿陪嫁所做的盘匜，里头就有“媵仲女子”这样的话。“仲女子”就是排行居中的女儿，“媵”就是陪嫁的意思。

回到吴王夫差盉。对于夫差而言，他做这件青铜器的具体对象肯定是一个特定的“女子”，而不可能泛指所有女性。那么，根据同时代“女子”这个词的用法，铭文中提到的“女子”就只可能是夫差的某个女儿了。也就是说，“女子”指西施的可能性被排除了。

虽然我们确定了“女子”的身份，但是吴王夫差盉的铭文还没有完全读通。

盉铭按顺序［图 7］释读的话，是“吴王夫差吴金铸女子之器吉”。而按照同类铭文的一般格式，应该写成“吴王夫差择吉金铸女子之器”。对比下来，其中有两个奇怪的地方。

第一，我们曾经说过，上古时代称铜为“金”，而“吉”的本义是坚硬，所以青铜也称“吉金”，意思是“坚硬的铜”。由此可见，吴

图7 吴王夫差盉铭文排序

王夫差盉铭文最后落单的“吉”字，应该移到“金”字之前（图7的“6”应该移到“7”之前），连成“吉金”二字。这么看来，工匠在模范上做铭文的时候，先是把“吉金”的“吉”给漏了，后来发现却已经来不及了，只好补在了铭文最后。

大家可能会有疑问：王的器物，铭文怎么会做错，怎么可以做错呢？其实，像这种写漏了字再补上的情况在青铜器里也不算太罕见。这是因为古代制作青铜器很不容易，像吴王夫差盉这种造型比较复杂、花纹特别精细的，做模范要花很大工夫。而铭文往往又是在器形、花纹都做完之后再加上的。作器的工匠很多不识字，往往就会写错。所以，一般不会因为最后写漏了一个字而毁掉整个范。能补救，就补救了。

第二个奇怪的地方是铭文的中段。一般应是“择吉金”三字，也就是表达“选取青铜”的意思。在“择”的位置上，这里却是“吴”字（图7的“5”）。这一篇铭文出现了两个不一样的“吴”，那么后一个“吴”字肯定不表示吴国的吴，而是另有意思。是什么意思呢？

原北京大学中文系教授李家浩先生解决了这个问题。他发现在一本叫《广雅》的古代辞书里，有这么一条释义：

虞，择也。

就是说，“虞”有“选择”的意思。“虞”字的下部就是“吴”，“吴”表示“虞”的读音。这两个字在古书里有不少通用的例子。因此，盉铭“吴吉金”的“吴”就相当于《广雅》中的“虞”，意思仍然是“择”。

至此，我们终于可以把吴王夫差盉的铭文彻底读通了。那就是：

吴王夫差虞吉金作女子之器。

意思是吴王夫差选取青铜，为他的女儿做了这件器物。

吴王夫差盉的故事到这里就告一段落了。在上海博物馆的中国古代青铜馆里，大家还可以看到另外几件吴王器、越王器。比如，吴王夫差鉴［图 8］，它是夫差用的大水缸。大水缸还可以用来当镜子，所以后来镜子也叫“鉴”。还有吴王光剑［图 9］，吴王光就是夫差的父亲阖闾。

图 8　吴王夫差鉴

图 9 吴王光剑

越国的器物则有越王勾践的儿子“者旨於睗（shì）”（诸稽与夷）和曾孙“州句（gōu）”的佩剑［图 10、图 11］：

图 10 越王者旨於睗剑

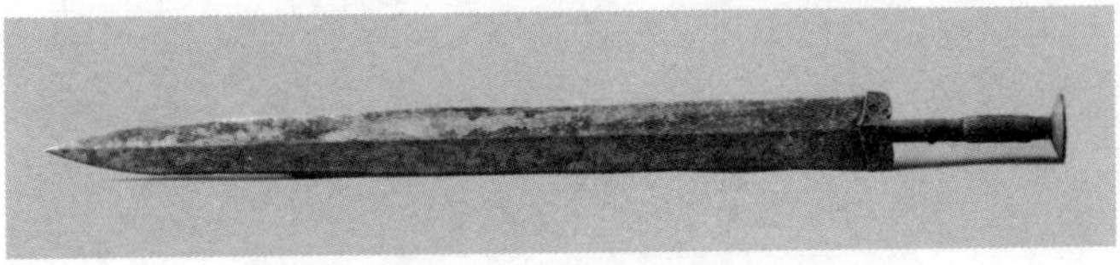

图 11 越王州句剑

吴越争霸的历史已经过了 2000 多年，而吴王、越王留下的器物至今仍在博物馆里风云际会。这些文物背后的故事还远远没有讲完。

（上海博物馆 葛亮）

商鞅方升

有这样一件青铜器，它呈长方形，外形普通且没有繁复的纹饰，更没有精巧的机关设计。然而就是这样一件看似普通的量器却与著名的历史人物商鞅有着密切的联系。它是迄今为止，有关商鞅变法的唯一一件遗物，也是上海博物馆珍藏的极为珍贵的国宝之一。这件被后世称为“商鞅方升”的量器见证了秦朝的崛起，陪伴着积贫积弱的秦国走出了一条富国强兵进而一统天下的充满鲜血与汗水的荆棘之路。那么，商鞅方升到底为我们提供了哪些宝贵的信息？统一度量衡，为何在商鞅变法的一系列措施中有着无可替代的重要地位？

接下来我们介绍的这件青铜器跟之前那些比起来，可以说非常不起眼。跟大克鼎那样的“重器”相比，这件东西最长不到20厘米，重量只有0.7公斤；跟亚囊孤竹方罍那种浑身上下都装饰了非常精致的花纹，特别“好看”的器物相比，这件东西光秃秃的，什么装饰都没有，就是个素的。我们之前还说过，大部分古代青铜器都是王室、贵族在祭祀、飨宴等重大礼仪场合使用的礼器。这件大概也算不上，它更接近实用品。

但是，这件看似不起眼的文物却跟大克鼎一样，属于“禁止出国、出境展览文物”。也就是说，它是从我国珍贵文物里的最高等级，也就是一级文物里，再选出的极少数特别珍贵的“孤品”。它无可替代，必须保证它的万无一失。

这件无可替代的孤品就是目前可见的唯一一件商鞅变法的遗物。它的名字叫“商鞅方升”[图1]。

图1　商鞅方升

商鞅变法的历史，大家都了解。秦国，原本是偏居西北的一个政治、经济、军事、文化都比较落后的国家。战国中期（公元前361年），秦孝公即位。秦孝公是一个很有抱负的国君，刚即位就下令求贤，征求“能出奇计强秦者”。商鞅就在这个时候到了秦国。

商鞅这个名字是因为他后来被封在“商”这个地方才有的。他本是卫国人，所以到了秦国，别人可以叫他“卫鞅”。其实商鞅是公孙氏，他的本名应该是“公孙鞅”。

商鞅到了秦国，见到了秦孝公，向他陈述了变法图强的道理，深得秦孝公的信任。到了公元前356年，秦孝公任命商鞅为“左庶长”，开始了第一次变法。最主要的措施有如下两个方面：

一是制定连坐法，且轻罪用重刑。就是让老百姓互相监督、互相告发，否则一人犯罪其他人一起遭殃，都要判重罪。这样一来，国家有什么法令就都能贯彻执行，谁也不敢阻碍了。二是奖励耕战。就是说，去垦荒的，给奖励；有军功的，赏爵位。那么老百姓不论是在家种田，还是在外打仗，他就有了动力，有了盼头。

没过几年，商鞅第一次变法就初见成效。秦国在对外战争中打了好多胜仗。到了公元前352年，商鞅升任“大良造”。他这个大良造权力很大，相当于中原各国的相国兼将军的角色。

公元前350年，商鞅第二次变法。第一次主要还是明法纪、促生产，第二次可就搞大了。我们来看看《史记·商君列传》对商鞅第二次变法的记载，主要有五条措施：

第一，“筑冀阙宫庭于咸阳，秦自雍徙都之”。上来就迁都，从雍城（在现在陕西的凤翔）迁到咸阳，既搬到一个交通便利的地方，又趁机摆脱了旧贵族的势力。

第二，“令民父子兄弟同室内息者为禁”。父子兄弟都得分家。为什么要分家呢？因为要按户征发劳役，按户收税。

第三，“集小都乡邑聚为县，置令、丞，凡三十一县”。推行县制，就是要把地方上的政权、财权、军权，从贵族手里集中到朝廷来，也就是后来常说的“中央集权”。

第四，“为田开阡陌封疆，而赋税平”。实际是废除贵族的井田制，大家公平、简明地按土地多少征收赋税。

第五，“平斗桶、权衡、丈尺”。这就是咱们重点要讲的，统一秦国国内的“度量衡”。

“居五年，秦人富强”，商鞅变法的结果就是“秦人富强”。

我们发现，在这五条里，统一秦国的度量衡制跟前面那几项大事是并列的，这就说明它在商鞅变法中的重要性。

那么就有两个问题：到底什么是度量衡？统一度量衡为什么如此重要？

先说什么是度量衡。我们用上海博物馆的藏品，每样举两个例子。

“度”指长度，是以尺度测量物体的长短。图 2、图 3 是两把古尺。短的是象牙尺［图 2］，一般认为是商代的。它的长度是 15.8 厘米。当时的 1 尺应该就接近 15.8 厘米。它上面分 10 格，每格是 1 寸，每寸里头还有刻度。长的一把是东汉时代的铜尺［图 3］。汉代的 1 尺长 23.1 厘米。这把铜尺也分 10 寸，每寸里头各有一个形态不同的鸟兽纹。

图 2　度器（商代象牙尺）

图 3　度器（东汉青铜尺）

我们知道 1 丈等于 10 尺，所谓“丈夫”就是身高 1 丈的成年男子。看来这个词出现得很早，如果按商代的尺算，那就是 1.58 米，跟当时人的平均身高确实差不多。要是用 23.1 厘米去算呢，2.31 米，那丈夫都成姚明了。

“量”指容积，是以斗升测量物体的多寡。商鞅方升就是一件量器，所以又叫“商鞅量”。因为它容积正好是一升，又是方的，所以才叫它“商鞅方升”。

图 4 是战国楚国的量杯，图 5 是秦代的椭量。它们反映出的计量单位、标准量值都不一样。

图 4　量器（战国时期楚国量杯）

图 5　量器（秦代椭量）

“衡”指重量，是以“权衡”称量物体的轻重。“权”“衡”原本都是实物，“权”是砝码，“衡”是天平。早期的衡具就是天平，用平衡的原理来称重。后来人们掌握了杠杆原理，才有了杆秤、秤砣，杠杆的两边可以不一样长了。

图 6 是新莽时期的衡杆，中间可以吊起来，两头应该还有秤盘。这个新莽横杆上有长篇铭文，是王莽颁布的诏书，说“同律度量衡”，希望“万国永尊”。图 7 是战国楚地的环权，就是环状的砝码。楚国的 1 两约合 15 克，这三枚环权分别重楚制的 1 两、2 两、4 两。

介绍完度量衡，我们再来看看，统一度量衡的举措在商鞅变法中为什么那么重要。

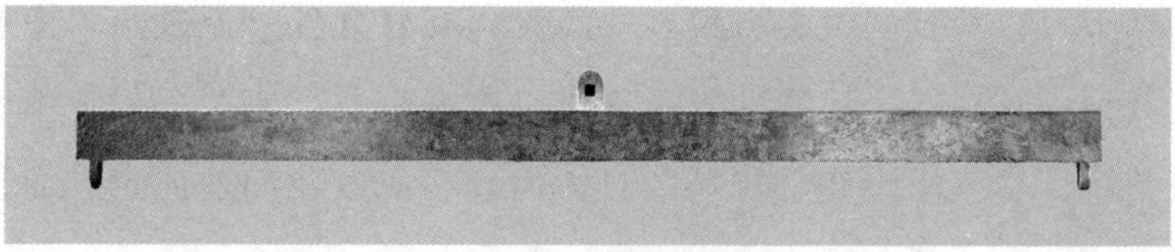

图6 衡器（新莽时期衡杆）

图7 衡器（战国楚砝码）

度量衡制度跟交易、赋税这类经济活动密切相关。尤其是赋税，一个国家对内要搞建设，对外要打仗，赋税是基础。如果税收不起来，尤其是粮食收不起来，一切免谈。前边说过，商鞅变法鼓励开荒、打破井田制，那么对丈量土地就有很大的需求；等到土地有了出产，就可以统一征税了。这个时候，标准化的度量衡器就显得特别重要了。

但是，在战国时代，不要说各个国家之间的度量衡不一样，就是在秦国内部也没统一，而且，当时度量衡器的精度往往也不行。商鞅显然是认识到了这个问题，所以把统一度量衡放到了变法的重要位置上。《战国策·秦策三》里有这样一段话：

> 夫商君为孝公平权衡、正度量、调轻重，决裂阡陌，教民耕战，是以兵动而地广，兵休而国富，故秦无敌于天下，立威诸侯。

他把统一度量衡作为“教民耕战”的前提，然后才有“兵动而地广，兵休而国富，故秦无敌于天下”。

可见，统一的度量衡制在秦国崛起的过程中起到了重要作用。

今天可以看到的带有商鞅名字的文物有好几件。不过除了商鞅方升，其他都是兵器。兵器可能跟商鞅“教民耕战”有关，但上面的文字很简单，看不出跟变法相关的具体内容。所以我们前面说，商鞅方升是目前唯一一件商鞅变法的遗物。

存世的秦量、秦权并不太少，但基本都是秦始皇统一以后的。统一前的并且是商鞅时代的，目前只有这一件。我们之所以知道它是商鞅时代的，关键是因为它的铭文。

商鞅方升上一共有四处铭文，最早的是商鞅铭文。后来还加刻了秦始皇的铭文，还有地名。我们先来看最早的这一道铭文，也是最珍贵的商鞅铭文［图 8］。

十八年，齐遣卿大夫众来聘，冬十二月乙酉，大良造鞅爰积十六尊（寸）五分尊（寸）壹为升。

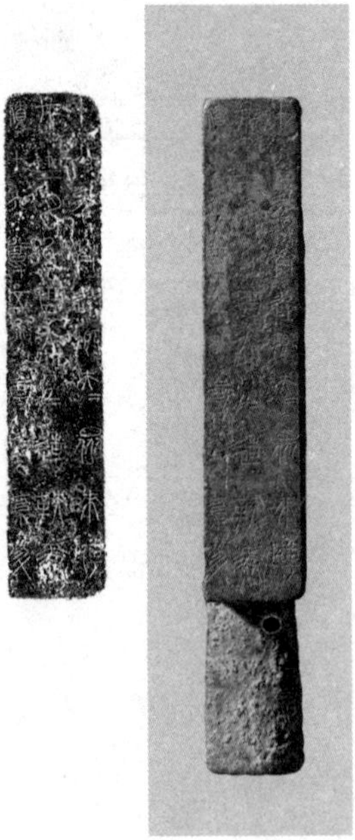

十八年　齐遣卿大夫众来聘
冬十二月乙酉　大良造鞅爰
积十六尊（寸）五分尊（寸）壹为升

图 8　商鞅方升铭文一：商鞅铭

秦孝公十八年，齐国派遣了好多位卿大夫到秦国来访问。在这一年冬天的十二月乙酉（日），大良造商鞅，把十六又五分之一立方寸的容积规定为一升。

这段铭文里，就有好多历史书中没有记载的重要信息。比如：

第一，商鞅第二次变法的年代，史书记载是公元前350年。根据铭文可知，具体到统一度量衡里制定量制的时间是秦孝公十八年（公元前344年），甚至还可以具体到天，是当年的“十二月乙酉”。

第二，在这一年发生了一件事——“齐遣卿大夫众来聘”。这个记录可能纯粹是用这一年发生的大事表示时间，先秦时代确实有这样的习惯。也可能是这件事跟商鞅规定标准“升”的单位量值有关系。比如说，来访问的齐国人跟秦国人有财物上的往来，两国的量值本来就不一样，转换一次就挺麻烦，结果秦国内部还不统一，这事就没法办了。商鞅就以此为契机，在当年的“十二月乙酉”把秦国的量制给定下来了。当然，这都是推测。因为没有其他记载，我们还是暂且认为这两件事没有关系。

第三，商鞅具体是怎么定的标准升，历史书上也没有记载。从商鞅方升我们知道，他是用长度换算容积的办法，把十六又五分之一立方寸定为一升。

这么做对于我们来说还有一个好处，就是一旦有了一升的具体量值，只要反推就可以得到当时一寸的长度。要知道，战国时代秦国或秦代的尺还没有出土过，那这个数据就非常宝贵了。

以上是商鞅方升的第一道铭文——商鞅铭。

统一了秦国的度量衡后，商鞅定下的这套制度在秦国使用了100多年。到了秦王嬴政（也就是后来的秦始皇）要统一天下的时候，他也遇到了类似的问题。

东方各国的度量衡不但单位、量值，甚至进制都不一样。就像咱们跑到英美国家，你跟他说公斤，他跟你说磅，那真是太费事了。尤其是对于一个统一的大王朝而言，这是绝对不能发生的事。

所以，秦始皇统一六国后，马上就用“秦制”统一全国的度量衡。这里所谓的“秦制”，就是已经在秦国行用了 100 多年的商鞅变法所确立的度量衡制。

秦始皇统一天下是在他登基的第 26 年（公元前 221 年）。在这一年，秦始皇发布了一道统一度量衡的诏书。于是，商鞅方升在刻上第一道铭文的 123 年后，又加刻了第二道铭文，也就是秦始皇的诏书［图 9］。

这个诏书是怎么说呢？

廿六年，皇帝尽并兼天下诸侯，黔首大安，立号为皇帝。

廿六年　皇帝尽并兼天
下诸侯　黔首大安　立号
为皇帝　乃诏丞相状
绾　法度量则不壹
歉(嫌)疑者　皆明壹之

图 9　商鞅方升铭文二：始皇帝诏书

黔首，就是老百姓。“尽并兼天下诸侯”，这话真是很有气势。秦始皇觉得自己的能耐比三皇五帝都大，不能再叫“王”了，所以改叫

“皇帝”。

乃诏丞相状、绾：

刚统一的时候，秦的两个丞相是隗（wěi）状、王绾（wǎn），秦始皇就指派他们去办这件事。隗状的“状”，《史记》里写成树林的“林”，可能是后来抄错了。从出土实物看，那个字应该是“状”。

法度量则不壹、歉（嫌）疑者，皆明壹之。

度量衡凡是“不统一的”“有疑问的”，都要明确、统一[①]。

其实秦始皇真正要说的话就最后一句，只是个“指导方针”，具体怎么办也没必要写在诏书里。我们现在知道，他就是把商鞅的“法”推广到了全国。

以上是商鞅方升的第二道铭文——始皇帝诏书。

除此之外，商鞅方升上还刻了两个地名“重泉”和“临”［图10］。重泉，在今天陕西的蒲城。它的字体跟商鞅铭文类似，是前一次刻的。临，在今天河北的临城。“临”的字体跟秦始皇铭文类似，说明是后一次刻的。

前后的变化，可能是因为商鞅方升先被发到了重泉，统一之后又从重泉收回咸阳加刻第二道铭文，但没有归还原地，而是分配给了临。这或许是因为新征服的东方地区急需这样的标准量器，于是商鞅方升就被发到远方去了。从这两个地名也可以看出，商鞅方升或者说秦量器的一种使用情况。

秦始皇没做成多少年“皇帝”，人就没了。秦二世即位之后，他看父亲这个诏书，发现一个问题：按照秦始皇的设想，他自称“始皇

① 上古时代“专一”“统一”的意思一般写“壹”，数字一般写“一”，和后世所谓的大写数字无关。

图 10　商鞅方升铭文三：两处地名

帝”，往后的子孙也都叫“皇帝”，只是在前头加上“二世”“三世”，一直到“万世皇帝”。但是秦始皇统一度量衡的诏书却只写道“皇帝”如何如何，并没有说明是“始皇帝”。传到后世的话，恐怕就搞不清这个“皇帝”是谁了。

所以，秦二世也发布了一道诏书，加刻在秦始皇诏书的左边。比如前面我们看过的秦椭量，就有这两道诏书。右边是秦始皇的，左边是秦二世的。秦二世的话比他爸爸的还多［图 11］。

“元年制诏，丞相斯、去疾”，到了秦二世元年，丞相是李斯、冯去疾。

“法度量尽始皇帝为之，皆有刻辞焉。今袭号，而刻辞不称始皇帝。”统一度量衡，都是“始皇帝”做的，但是刻辞上没有说“始皇帝”，只说是“皇帝”。

“其于久远也，如后嗣为之者，不称成功盛德。”时间久了之后，千世万世都叫“皇帝”，怕你们以为是后来的皇帝干的，忘了我爸爸

《秦始皇诏书》
廿六年，皇帝尽并兼天下诸侯，黔首大安，立号为皇帝。乃诏丞相状、绾：法度量则不壹歉疑者，皆明壹之。

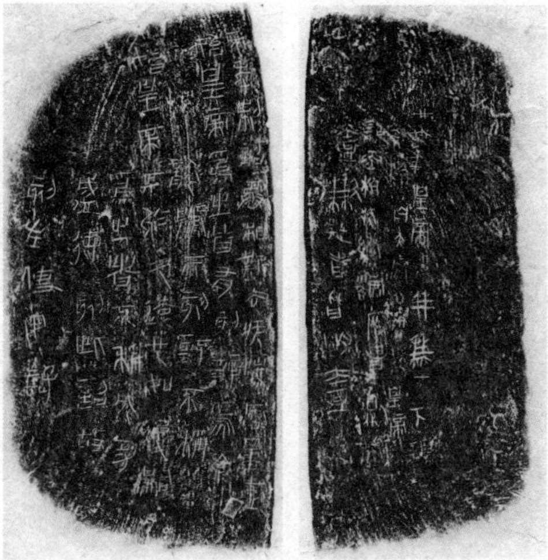

《秦二世诏书》
元年制诏，丞相斯、去疾：法度量尽始皇帝为之，皆有刻辞焉。今袭号，而刻辞不称始皇帝。其于久远也，如后嗣为之者，不称成功盛德。刻此诏故刻左，使毋疑。

图 11　秦二世诏书椭量铭文

（秦始皇）的功劳。所以，秦二世“刻此诏故刻左，使毋疑”。

当然，秦二世是多虑了，他们家啊，再没有后世了。

不过，经过两代皇帝的推动，秦代留下来的量衡器很多。在上海博物馆就有不少，除了量，还有秦权、秦诏版等。我们各举一例来看。

图 12 是秦权，就是大秤砣，上边也是刻了秦始皇、秦二世两道诏书。图 13 叫“诏版”，就是一块铜板，上面也有诏书。这是为了镶嵌到大型的或其他材质（比如木质）的量器、衡器上准备的。从中央发出的时候，只要发一块小诏版就行了，不占地方。这一块是秦二世的诏版。

这些度量衡器也不是说发出去就完了，秦代还有一套严格的检定制度。政府相关部门要定期给度量衡器作校量，如果校量不准，超出允许误差范围就要罚。

正是由于推行、维持的力度很大，商鞅变法所确立的度量衡制在秦代全面地稳定下来。虽然秦代两世而亡，但是这套度量衡制影响深远。根据对出土器物的研究，它的标准量值至少一直沿用到汉末时期，也就是说，前后至少用了 500 年以上。

图 12　秦权

图 13　秦诏版

那么是谁独具慧眼，最早收藏了商鞅方升呢？

商鞅方升出土的时间、地点，都已经不可考了。目前，商鞅方升已知的最早的收藏者，是近代著名的实业家、收藏家龚心铭先生。

龚心铭先生有这样一条记录：

> 秦量，癸卯七月以重金得于清晖阁。

这个癸卯年就是 1903 年。“清晖阁”可能是某个人的斋号或者一家店的名字，暂时还搞不清楚。

龚心铭先生出自合肥龚家。龚家是当时的一个大家族，还是外交世家。龚心铭先生的父亲龚照瑗（yuàn）做过清朝驻英、法、意、比四国公使；他的弟弟龚心钊也在清末做过驻加拿大总领事。

龚心铭、龚心钊兄弟二人旅居上海，都是收藏大家。他们的藏品涉及字画、碑帖、铜器、印章、陶瓷等门类，数量相当可观。其中，龚心铭特别珍爱的是两种“经济类”的文物。

龚先生在南京汤山经营温泉。他在那里给自己盖了个别墅。别墅的名字就是用他最钟爱的两种文物命名的，叫作“周爰秦量之室”［图 14］。

“秦量”是指商鞅量，也就是商鞅方升。那“周爰”是什么呢？这个东西俗称“印子金”，就是一种上面盖了印的金子。实际是战国时期楚国的一种称量货币，就是用的时候随时称重的一种金子。这种金子上往往盖满了印章。章上是两个字——郢爯。

图 14　周爰秦量之室

“郢”是楚国的首都。“爯”就是“称”的繁体字“稱”的右边，也就是称重的意思。这个“爯”字在龚先生的年代被错误地认作“爰”，所以就叫“周爰”了。图 15 就是龚先生旧藏的“郢爯”。

图 15　龚氏旧藏“郢爯”

龚心铭先生很早就把商鞅方升和郢爯公布出版了。他还写了《周爰金考》《秦鞅量考》两篇研究文章。但早年公布的都是拓片，没有照片和测量数据。

看到商鞅方升的拓片［图 16］，研究古代史的学者应该非常激动，都想写文章研究。但是东西在龚家藏着，一般人只能看拓片。看拓片意味着只能研究文字而不能解决三个关键的历史问题：

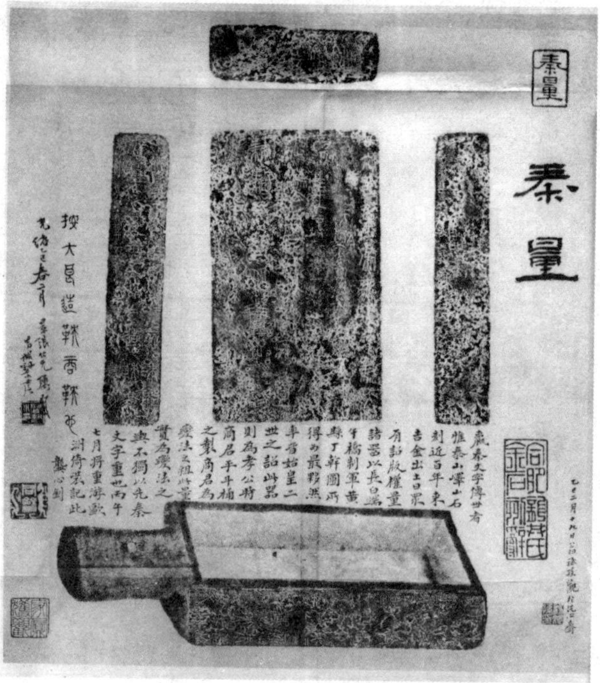

图 16　龚氏公布之商鞅方升拓片

第一，商鞅规定的“升”，容积具体是多少？

第二，这个容积跟秦统一之后的是否一样？秦始皇是不是拿商鞅的量制去统一的全国？

第三，通过容积反推，得出的秦尺是多长？

这些一定要实测、对比，才能有答案。那么，商鞅方升在龚家的情况怎么样呢？

龚心铭先生在弥留之际，曾向儿子龚旭人交代：秦量和印子金是传家宝，要一代一代传下去，绝不可以卖掉。

但是商鞅方升名气太大，而且公布过，所以大家都知道这东西在龚家。龚旭人先生就想了个办法：不管谁来问就说东西已经被父亲卖到国外去了，没在家里。

到了20世纪60年代，上海博物馆已经成立了，知道龚家有这件宝贝，就派馆里的青铜器专家去跟龚旭人先生谈，希望与之成为朋友并再问问商鞅方升的下落。但龚先生还是一口咬定，东西卖到国外去了，家里没有。这个事也就没有下文了。

“文化大革命”开始之后，龚家受到了非常严重的冲击，所有的文物（包括商鞅方升）都被抄家抄走了。当龚旭人得知商鞅方升被抄走的时候，他极度悲愤，突发心脏病，在送去医院的路上，就与世长辞了。

“文化大革命”结束后，落实政策，商鞅方升和其他文物都要归还给龚家。但由于龚旭人先生已经不在了，龚家的子女经过慎重考虑，最终决定把商鞅方升、郢爯和其他文物作价转让给了上海博物馆。

上海博物馆在收入商鞅方升以后，对它做了精密的测量。大家可能会觉得测容积应该很容易。不过是把水倒进去再倒出来，再用量杯量一下就行了。这个办法对商鞅方升而言却不是很合适。

首先，这件东西表面有锈蚀，各个面、每一面各个点的厚度都不一样。其次，这件东西使用过很久，口沿有磨损，所以各个地方的深度也有差别。最后，由于青铜器本身的特点，陶范铸造会有误差，使用过程中也会有变形的问题。

所以我们在检测的时候，在局部做了去锈处理。在室温20℃±1℃的环境下，用显微镜取了很多点进行测量［图17］，然后用它们的平均值进行计算。

最后得到的实测容积，是1升合今202.15毫升；根据铭文倒推出的尺度，是1尺合今23.192厘米。这就是最大限度地接近商鞅升、商

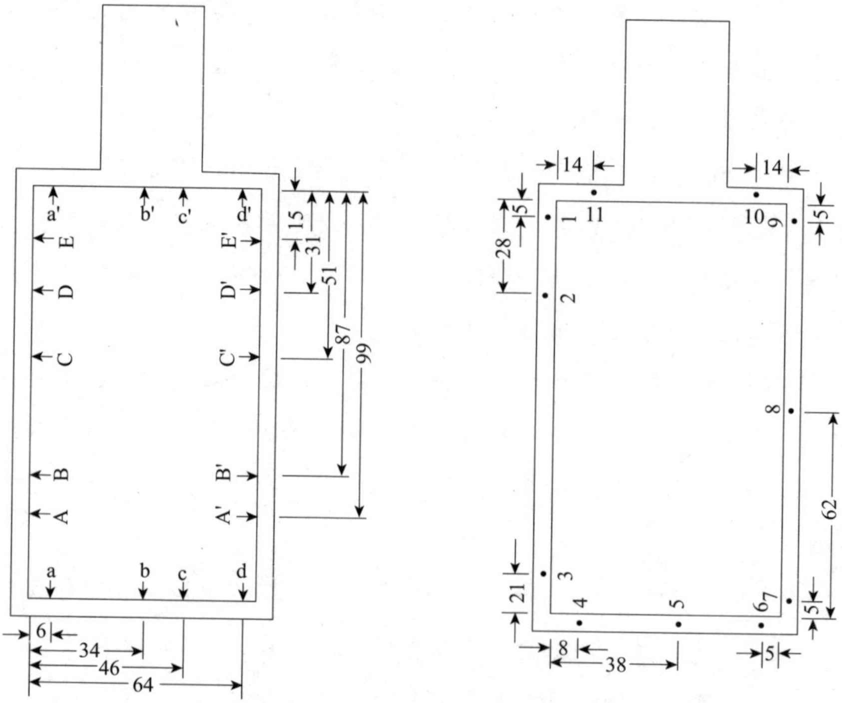

图 17　商鞅方升容积实测

鞅尺的数据。这样我们就可以回答之前留下的三个问题了。

第一，商鞅所规定的 1 升之值约合今之 202.15 毫升。

第二，从其他已知的秦代量器测算，当时的标准 1 升约合今天的 200 毫升，误差一般不超过 2 毫升。那么跟商鞅方升一比较，就证实了秦始皇统一度量衡时确实沿用了商鞅变法定下的标准。

第三，商鞅时代的 1 尺约合今之 23.192 厘米。这个长度跟之前我们看到的战国、汉代的尺度基本一样。由于秦尺至今未见出土，所以商鞅方升也就成了秦尺度的标准器。

商鞅方升基本介绍完了。最后，我想说一个历史的巧合。

在中国古代史上，有两个朝代特别注重度量衡制度，都是由皇帝发布诏书，大量地刻在标准度量衡器上，发放全国。因此，也留下了许多带有诏书的度量衡文物。这两个朝代，一个是秦，一个是新莽。秦始皇希望从他开始，以后有二世、三世直到万世皇帝；王莽呢，前面介绍衡杆的时候说过，他希望“同律度量衡”“万国永尊”。结果，秦朝维持15年，亡了；新朝也是15年，亡了。这样的历史巧合，说明什么道理？这实在是一个值得大家慢慢思考的问题。

（上海博物馆　葛亮）

初探阳陵

在神秘古朴的西安城北郊，有一座雄伟壮丽的帝王陵墓。这里长眠着一位西汉著名的君王。他在位期间，百姓安居乐业，社会经济复苏，为西汉王朝后来的繁荣强盛奠定了基础。他就是汉景帝。汉景帝的阳陵气势恢宏，其陵园风格和出土的陪葬品生动地再现了两千多年前汉景帝时期的文化风貌，向世人展示了当年“文景之治”的繁荣盛况。不仅如此，汉景帝阳陵的发掘，对了解西汉文化有着非常重大的意义。那么，汉阳陵地下的秘密究竟是如何被发现的呢？

说到古墓葬，大家总有很多想象，特别是近些年来盗墓小说和影视作品的流行，诱导人们首先想到的是成堆的金银珠玉和奇珍异宝，简直可以说古墓葬就是一座宝藏啊！

作为一个考古工作者，我要告诉大家的是，那都是文艺作品虚构的，其实不是那样的。哪有那么多宝贝放到那里等着我们去挖呀。当然了，因为中国几千年的厚葬之风和“事死如事生”的观念，古墓葬里面确实陪葬着很多东西，特别是历代帝王陵墓更是汇集了那个时代最好的东西，浓缩了当时物质和文化的精华。但这些陪葬品大部分都是生活用品，更何况我们所说的文物价值并不仅仅指它的经济价值，更多的是指它蕴含的历史文化价值。像帝王陵墓，它的最大的价值并不在于陪葬了多少宝贝，而在于它是我们研究当时政治制度、经济发展、文化风俗、社会生活等古代社会状况的最好标本。我国古代的史书往往偏重于政治、军事方面的记载，而对经济、文化、社会生活等很少涉及。说得直接一点儿，我们引为自豪的“二十四史”框架齐备却缺乏细节，而历史的精彩恰恰在于细节。从某种程度上来说，考古工作正好可以弥补这个细节。我以亲身经历，用文物给您讲一段带有细节的西汉前期的历史。

我们都知道，秦汉是封建社会发展的第一个高峰，虽然那个辉煌的时代已经远去，却留下了深深的足迹，最有名的就是秦始皇的兵马俑了。汉代的遗迹考古工作做得最多的就要数汉阳陵了。大家都知道，秦兵马俑是当地农民打井的时候偶然发现的，汉阳陵又是怎样发现的呢？

这个说起来，可能有点让人失望。汉阳陵的发现可没那么多传奇色彩，它是经过正规的考古工作发现的。

1990 年，陕西省要修一条西安到咸阳机场的高速公路，文物部门在工程开始之前对线路进行了考古勘探，结果发现了像秦始皇陵兵马俑坑那样的坑穴。当时的陕西省考古研究所立即派出考古队对那些坑穴进行发掘。当考古工作接近坑底的时候，黄土里露出了很多像土豆一样的东西，大概有成人的拳头那么大。我们仔细观察，发现这些“土豆”上面还有眼睛、眉毛、鼻子，刻画得五官齐全、栩栩如生。原来，这些“土豆”是一个一个的陶俑头。站远了看，这一片陶俑头就像是一支潜伏的水军，听到命令后突然冒出了水面。这个场景在考古发掘中非常罕见，现场所有的人都震惊了。经过清理，这些陶俑［图 1］终于露出了庐山真面目，每个陶俑只有 50～60 厘米高。奇怪的是它们都没有胳膊，更让人吃惊的是这些陶俑都赤身裸体，一丝不挂，这些“宝藏”也太另类了吧？这究竟是怎么回事呢？

图 1　裸体陶俑与身边的兵器

当时，因为工程很紧，我们必须尽快将涉及的文物遗迹抢救出来，所以也顾不上想那么多了，只能带着疑问继续清理。

除了这些裸体的陶俑，我们又有了新的发现，陶俑的脚边和腰部还有兵器。大部分陶俑的腰部挎着铁剑，脚底下有铁戟或者铁矛这样的长杆兵器。

陶俑身边散落的兵器很可能就是当时他们佩带的武器。另外，考古队在其他的坑里还发现了成堆的兵器，铁矛、铁戟、成捆的箭头和放武器的架子。发现了这么多的兵器，我们基本可以得出结论，这些陶俑可能也像秦兵马俑一样象征一支军队。那么，这支裸体、残疾的袖珍兵团究竟是一支什么样的军队？它们为什么会出现在这里呢？

又一个新的发现给我们提供了证据。在坑底清理出了一枚龟钮金印，它的上面刻着 4 个字“车骑将军”。车骑将军在古代是一个什么官呢？在史书中我们查到汉代还真有这样的官职，记载西汉历史的《汉书》和记载东汉历史的《后汉书》都有车骑将军的记载。当时汉代军队的建制最高级别的将领是大将军，有名的大将军，比如汉初的韩信、汉武帝时期北击匈奴的卫青都做过大将军；接下来是骠骑将军，赫赫有名的霍去病就是骠骑将军；车骑将军排第三；后边还有卫将军。这 4 个将军应该都是比较高级的军队将领。史书记载，他们的印章全部是金印。这个就跟我们发现的金印对上了。很显然，这支袖珍军团可能是汉代一支由高级将领统帅、级别非常高的军队。

那么，这支军队为什么会出现在这里呢？如果说秦兵马俑是当时为守卫秦始皇陵而陪葬的地下军团，那么，我们现在发现的这支袖珍军团是不是也在守卫一座皇帝陵墓呢？它们守卫的又是谁的陵墓呢？

带着这些疑问，大家很自然地就在附近寻找。这些陶俑坑的北边大约几百米的地方，有两座像小山丘那样巨大的封土。这两座封土是西汉第四代皇帝汉景帝和他的王皇后的陵墓，帝陵在西，后陵在东，称为“阳陵”。那么，这支神秘的地下军团是不是为守卫汉景帝的阳陵而陪葬的呢？

我们讲，考古学是一门科学，它讲究实证。你得出一个结论得有结结实实的证据才行，光靠距离那是说服不了人的。著名的秦兵马俑坑离秦始皇陵那么近，而且专家、学者研究了这么多年，一致认为这是秦始皇的陪葬俑坑，就这样还有人提出质疑，认为它不是为秦始皇陪葬的，而是为宣太后（也就是芈月）陪葬的。当然，这个质疑，说实话，有点儿太不靠谱了。我们在这里举这个例子就是想说，考古得出一个结论得有证据。因此，这里发现的这些俑坑仅靠离阳陵距离比较近就下结论是不行的。为了寻找证据，考古队在发掘完公路涉及的那几座俑坑之后，又展开了大规模的考古勘探工作。

考古勘探就是用探铲来探明地下的文物遗迹情况。探铲是半圆形的，垂直着打下去，再提上来就会带出泥土。我们根据土质和土色就能判断出地下有没有古墓葬和古遗址。因为探铲的口径很小，一般只有五六厘米，插到地下的面积非常有限，一般不会对文物、遗址造成大的伤害。因此，目前文物部门探查地下文物遗迹埋藏情况，大多使用这种工具进行工作。

通过大规模的考古勘探，果然有了重要发现。考古队为修公路而发掘的那几座俑坑，其实是一组，共有 24 座。在这组俑坑的南边，还发现了墙垣，我们沿着这道墙垣勘探寻找，结果发现这道墙垣延伸成了一周，把汉景帝和王皇后陵包在了里边，形成了一座大陵园。这说明这些俑坑与汉景帝阳陵是一体的。这就有了确切的考古证据，证明这支地下军团就是守卫阳陵的军队。后来我们在汉景帝陵西北的大陵园里边又勘探出一组坑穴，也是 24 座，里边陪葬的也是兵俑、武器等这些东西。

为什么在汉景帝陵附近会有这么多埋有大量陪葬品的坑穴呢？

这与当时的帝陵制度有很大关系。史书记载说，皇帝的墓穴称为“正藏”，主要放置皇帝的棺椁和随身的东西。其他大量的陪葬品则需要在墓穴的外边再挖坑放置，这些坑我们习惯叫它“陪葬坑”，其实当时叫“外藏椁”。为什么叫外藏椁呢？“椁”实际上就是一个大棺材、大木箱子。古代的帝王和贵族根据级别使用多重棺材。《荀子》记载道：

天子棺椁七重，诸侯五重，大夫三重，士再重。

就是帝王用七重棺椁，诸侯王用五重，以下按身份地位的高低可以用三重、两重棺材。我们都知道，棺材是直接用来盛放尸体的，棺材外边套的那些大棺材或者说大木箱子都称为“椁”。当时在皇帝墓穴外边挖的这些放陪葬品的坑可不是挖完以后把东西直接埋里边就行了。这个坑挖好之后，在坑底要用木头将上下左右前后都砌起来，实际就是拼装了一个大木箱子，就像套在棺材外边的那些木箱子一样，所以叫“外藏椁”。我们在发掘阳陵的这些外藏坑的时候，也确实发现了木头的痕迹。但是经过两千多年以后，这坑里边的那些木头全都腐朽了，只剩下一个一个的坑穴。因此，参照古人的叫法，我们称为“外藏坑”。

按照皇帝陵墓外边设置外藏坑的帝王陵寝制度，再加上我们发现的这两处陶俑坑又都在汉景帝陵的大陵园里边，我们推测这两处外藏坑就是汉景帝陵配套的东西。汉景帝陵东南边的，我们就叫南区外藏坑，西北边的叫北区外藏坑。

考古学研究讲究“二重证据法”，就是不能单纯地研究考古发现的文物遗迹，还要结合相关历史文献，这样才能有所收获。我们在阳陵发现了这么重要的遗迹，那么，史书上有没有记载呢？

没有！我们查阅了《史记》《汉书》等相关的史书，关于汉景帝陵陪葬的这些裸俑没有任何直接的文字记载。但是，我们却发现了另外一些线索，《汉书·刑法志》记载道：

汉兴……京师有南北军之屯。

就是说，西汉京城长安城驻扎有两支部队：一支位置偏南，称为南军；另一支位置偏北，称为北军。而汉阳陵发现的这两组兵马俑坑，也正好一组在东南，另一组在西北。难道汉阳陵的地下军团是仿照京城长安的南、北军设置的？

仅凭位置相似来推测是远远不够的。要回答这个问题，还需要更多的证据。

我们把目光投向了不远处的汉景帝陵。距离这么远的外藏坑就有这么惊人的发现，汉景帝的陵园里边又埋藏着多少秘密呢？

这个问题，史书也没有任何记载。要想知道汉景帝陵的秘密，我们只有先来了解一下他这个人，才能做出合理的推测。

汉景帝是西汉第四代皇帝。在西汉两百多年的历史中，汉景帝不是一个很有名的皇帝，如果要介绍他，或许可以先提到他大名鼎鼎的儿子汉武帝，这样可能大家会对他统治的时期有个快速的认知。也难怪，西汉是个英雄辈出的时代，汉景帝前有开国皇帝，有他的爷爷汉高祖刘邦，还有被誉为“千古仁政”的父亲汉文帝，其后又有雄才大略、文治武功的儿子汉武帝。夹在他们中间，汉景帝难免有些星光黯淡。那么，汉景帝究竟是一个怎样的皇帝呢？

《汉书》记载道：

汉兴，接秦之敝，诸侯并起，民失作业而大饥馑。凡米石五千，人相食，死者过半。

汉朝刚建立的时候，承接的是秦末乱世。当时各路诸侯为了争夺地盘，互相攻伐，民不聊生，老百姓没办法种地，造成了大饥荒。当时因为粮食缺乏，老百姓吃不上饭，饿死的人有一大半，活着的人只好“人相食”。我们注意，是“人相食”啊，就是没有吃的饿到了人吃人的地步。可是，到了汉武帝统治初期，短短六七十年间，西汉王朝仿佛发生了天翻地覆的变化。《史记》记载道：

至今上即位数岁，汉兴七十余年之间，国家无事，非遇水旱之灾，民则人给家足，都鄙廪庾皆满，而府库余货财。京师之钱累巨万，贯朽而不可校。

从汉初经历文景时代至汉武帝即位时，国家没有经历严重的政治动乱，也没有遭遇水旱灾害，因此，老百姓家家富足，城乡的大小粮仓充满，而朝廷财政富余。京师的钱财累积上亿，多得用不了，钱放得时间久了连穿钱的绳子都腐朽了。

那么，汉初这短短数十年间究竟发生了什么呢？汉文帝和汉景帝到底推行了哪些政策，让国家发生了巨变呢？在西汉发展的关键时期，汉景帝究竟扮演了一个什么角色呢？

我们先来看看生活在那个时代的大史学家司马迁是怎么说的？

司马迁在《史记》里边评价说：

景帝即位，因脩静默。勉人于农，率下以德。制度斯创，礼法可则。

就是说，汉景帝即位以后继续执行以前的基本国策，社会稳定，政府劝勉百姓努力农耕。汉景帝还以身作则，自我约束，树立了良好的道德规范，并在各个方面为国家建立了有利于社会发展的政策和制度，对后世形成了规范性的影响。

“静默”，说白了就是不声不响，闷头干事，不瞎折腾。应当说，如果只有汉文帝 23 年的苦心经营，而没有汉景帝 16 年的静默、遵业，文景之治是不完整的，也是不可能成功的，汉王朝也没有条件实现汉武帝时代政治、经济、军事、文化等方面的空前强盛。因此，我们说，汉景帝时代是一个承前启后的重要时代！汉景帝也是封建社会的一代明君！

那么，既然是一代明君，汉景帝为什么还要劳民伤财地大肆修陵呢？这是时代的局限性决定的。我们衡量一个历史人物必须得把他放到他那个历史环境中去，而不能拿今天的标准去要求他。汉代当时生产力相对落后，科技不发达，人们很迷信，认为死了之后会在所谓的“阴间”继续生活，因此，不论平民百姓还是达官贵族，都会为自己的身后事做最好的准备。汉景帝虽然是明君，但他的思想境界还没有高到我们今天无神论的地步，因此，他当然也不会例外了。那么，他又是怎样准备的呢？

如果您有幸乘飞机到西安的话，在飞机将要降落的时候，注意从空中往下看，就会看到一个奇景：西汉九座帝陵沿着渭河北岸一线排开，气势雄伟，非常壮观，它们也被称为“东方的金字塔”，而汉阳陵就位于这些帝陵的最东端。两千多年前，东方的西汉帝国与西方的罗马帝国同时代表着当时世界文明最辉煌的成就。这一时期不但奠定了中国的疆域轮廓，也是中国传统文化生成的重要时期，汉代的各项制度更为后世王朝提供了借鉴与典范。作为西汉的第四代皇帝，汉景帝继承了父亲汉文帝的基业，两代帝王共同缔造的“文景之治”被誉为中国封建社会发展的第一个高峰，为汉武帝时期汉王朝的真正崛起奠定了基础。而今，历史在时间的长河中远去，唯有这些雄伟的帝陵依然在诉说那个时代的繁盛往事。那么，作为迄今为止考古勘探和调查最为全面的一座西汉帝陵，汉景帝的阳陵能否为我们打开了解西汉历史的另一个窗口呢？考古队接下来的勘探工作又会有哪些重要的发现呢？

经过几十号人七八年坚持不懈的考古勘探，一个更为惊人的发现展现在我们面前。汉景帝和王皇后的陵墓周围各自有一道围墙，形成自己单独的陵园。汉景帝陵园里边居然布满了这种埋藏陪葬品的外藏坑，围绕陵墓封土一周总共发现了80多座！如果说，汉景帝陵像太阳的话，那些坑穴就像太阳的光芒一样，一道一道地围着，转了一圈。

汉景帝居然给自己营建了这么多放置陪葬品的外藏坑。这正是文景之治社会富庶的反映啊！

这也是第一次在古代的皇帝陵园里边发现了这么多的外藏坑。在以前的考古工作中，从来没有在帝陵周围发现如此众多而又排列整齐的外藏坑。这个重大发现鼓舞了我们。如果能够了解外藏坑里边的埋藏内容，对我们深入研究西汉的帝陵制度、丧葬观念以及社会经济状况、文化习俗等都有重要意义。于是我们向国家文物局申请，发掘封土东北边的11座坑穴。那么，通过这次发掘，我们到底会看到些什么呢？这些坑里边又会发现些什么样的珍贵文物呢？

这11座外藏坑的发掘进行了三年多的时间，艰苦的耕耘终于换来了巨大的收获。这些外藏坑里陪葬品的丰富程度让我们大开眼界啊。面对这些陪葬品我最大的感受就是，当时真是替皇帝考虑得太周到、细致了，吃的、穿的、用的一应俱全。但数量最多、最为醒目的还是那些裸体陶俑。我们刚才讲了，南区外藏坑发现的那些裸体陶俑可能象征着守卫阳陵的地下军团。那么，汉景帝为什么在这儿又陪葬了这么多陶俑呢？他们又是个什么身份呢？

那些陶俑是不会说话的，因此，我们还是得从和陶俑相关的文物着手，才能解开这个谜。

那么，从哪些文物着手呢？印章。在考古工作中，带有文字的东西的出土，就好比千年的古物开口说话了。比方说，我们大家都知道，唐代的墓葬里边大多都会有墓志。这个墓志一出，墓主姓甚名谁，何方人士，有过什么事迹，当过什么官？说得清清楚楚。但问题是汉代当时没有墓志，更何况我们挖的也不是墓葬，像这种外藏坑里边最有可能发现带文字的文物，在当时主要有简牍、印章等。我们北方地区半干半湿的地下环境，简牍一般很难保存下来，因此，就只能寄希望于印章了。

果然，功夫不负有心人。经过仔细清理，我们在这些坑里边发现了一枚银印，上边的文字是“宗正之印”。除此而外，还发现了好几枚铜印，印文分别是“宦者丞印”“永巷丞印”“东织令印”，等等。

这些印章非常小，只有成人的指甲盖那么大。难道汉代的官印都这么小吗？自然不是，因为这是缩小版的。目前，我们发掘出土的汉阳陵的陪葬品基本上是按照原物的三分之一大小制作的，陶俑是这样，陶俑佩带的兵器也是这样的。这些印章当时就出土在陶俑身边，应该也是他们佩带的，因此，也需要按陶俑的比例缩小为原物的三分之一。这样一来，今天在汉阳陵博物馆里要看清这些印章只能借助放大镜了。别看这些印章体型小，可是却意义重大，因为它们解决了阳陵外藏坑里边陪葬的那些陶俑的身份问题。那么，这些印章提到的这些官职，汉代当时有吗？它们究竟是什么官？

据《汉书》记载，西汉的时候，中央的官署机构分为“三公九卿”，“三公”指的是丞相、御史大夫、太尉。丞相总领朝政，协助皇帝处理政务，相当于我们现在的国务院总理；御史大夫相当于副总理兼监察部长；太尉是军队的最高指挥官。除了“三公”，当时还设有“九卿”，相当于我们现在国务院下属的各部委。这个“宗正”就是管理皇族事务的一个部长。除了宗正，当时还有一个与皇帝的生活息息相关的部长，叫作“少府”。少府是皇帝的大总管，他的下边设置了很多职能部门，其中就有宦者、永巷、东织等官署机构，具体为皇帝的生活服务。这些印章应当就是这些官署机构的官印，问题是古代的官印就是这个官署的凭证，也是官员行使权力的依据，当时为什么要把这些官印埋在地下的外藏坑里边呢?

就这个问题，我们在史书里边查不到有关汉景帝阳陵的资料，倒是《史记》里边有关秦始皇陵的陪葬情况的一些记载可以作为线索。司马迁说秦始皇陵地宫是：

> 以水银为百川江河大海，机相灌输，上具天文，下具地理。

就是说，秦始皇在地下修建了江河大海、日月星辰，实际上就是营造了一个地下世界。在这个世界里，他设置了“宫观百官奇器珍怪徙臧满之”。就是说，他还陪葬了宫殿、楼台、朝廷的官署机构，埋藏了大量的奇珍异宝，等等。汉景帝离秦始皇那个时代非常近，相差大约 70 年时间。当时的丧葬理念应该差别不大。因此，这些外藏坑就是象征着为汉景帝陪葬的百官，而坑里边的那些陶俑则象征着官署里的工作人员。

多枚印章的出土揭示了汉景帝陵外藏坑的功能和象征意义，同时也从侧面回答了我们最早发现的南、北区外藏坑的问题，这两组外藏坑应该就是仿照京城的南、北军设置的地下卫戍部队。

经过 25 年几代考古工作者的共同努力，汉阳陵的完整形制终于展现在我们面前。

走近汉景帝阳陵，陵墓四周的 80 多座阴间官署犹如众星拱月；南、北外藏坑那些神气的兵俑们代表着当年长安城里的中央直属部队南、北军，它们戒备森严，守卫着汉景帝的地下京城；贵族大臣的陪葬墓分列陵东司马道两侧，仿佛是定格在一刻的朝仪。这种葬制体现的正是当时“事死如事生”的丧葬理念。东西长近 6 公里，南北宽

1～3公里，占地面积10多平方公里的汉阳陵俨然就是一座地下王朝！

让我们惊喜的不仅仅是探明了汉阳陵的形制，对西汉的帝陵制度有了直观的认识，更重要的是，这种完全复制西汉时期官署机构的葬制相当于把当时的政治、经济、军事等制度完整地带入了地下，对于了解文景之治，探寻大汉王朝崛起的秘密，汉阳陵都是一个最好的实物标本、最有力的历史证据。在这些文物中，最为重要的当然是那些陶俑了，因为它们象征着汉景帝地下王朝的各色人物，只有搞清楚它们的“身世”才能进一步研究当时的社会状况。

可问题是，汉景帝阴间世界的这些人物没有胳膊，而且还赤身裸体，一丝不挂。我们都知道，历史上有名的昏君商纣王曾经弄了个酒池肉林，让裸体男女互相追逐嬉戏，恣意吃喝玩乐。我们前边讲了，汉景帝也算一代明君，他应当不会像商纣王那样吧。那么，这些裸体陶俑又怎么解释？我们都知道，秦始皇兵马俑人高马大，衣甲完备，那么，仅仅过了70年，汉阳陵陪葬的这些兵马俑怎么变得这样矮小而且赤身裸体了呢？这究竟反映了一种什么样的葬制呢？

（陕西省考古研究院　马永嬴）

陶俑传奇

在陕西西安北郊渭河之畔的汉阳陵博物馆中，展出有形态各异、栩栩如生的汉兵马俑。从出土规模上看，这支“地下军队”的级别很高，担负着“保卫皇陵”的核心任务。从陵墓建成之日起，它们便默默“驻守”在陵墓中，兑现着自己无声的诺言。汉阳陵兵马俑出土后，不仅迎来了一大批参观者，也给我们打开了一扇了解汉代文化的窗口。几代考古学家经过研究，已经逐渐解开了这支“地下军队”身上所深藏的历史谜团。那么，这支威武的汉兵马俑军队与我们所熟知的秦始皇兵马俑是否有关联呢？

上文中我们提到，在秦始皇兵马俑面世16年之后，汉景帝阳陵发掘出土的汉兵马俑再次震惊了考古界。但问题是秦俑身高一般在一米八左右，而这些汉俑却只有60厘米左右，秦俑人高马大，服装、铠甲一应俱全，但这些汉俑却赤身裸体，还没有胳膊。秦俑表情严肃，一脸杀气，而这些汉俑却神态轻松，面露祥和。汉王朝是承秦而立，很多典章制度也都继承了秦朝的，可为什么皇帝陵陪葬的陶俑竟然如此迥异？出现这一变化的背后到底又是什么原因呢？西汉的帝陵葬制究竟发生了哪些改变呢？

一提到秦始皇兵马俑，大家首先想到的就是高大、威武、气势轩昂、威风凛凛，透着一股子杀气，看到它们就能想到秦军的形象。我们在汉阳陵发现了数量众多的汉代兵马俑，本来很惊喜，希望通过这些兵马俑了解汉代的军制和军力，但是看着这些汉俑的样子，实在是有太多困惑，让人百思不得其解。

当时，我们开玩笑说："你说，两千年前汉景帝就弄了一堆裸俑陪葬，他也太前卫了点儿吧？该不会他觉得自己生前太节俭太委屈自己了，死后想学一下商纣王，弄个阴间的酒池肉林？"

我们带着疑惑继续清理，很快就有了新发现。这些陶俑的头上全都有红丝带的痕迹。这些丝带虽然腐朽了，但是颜色留了下来。这个红丝带是干什么的呢？我们知道，古人讲究身体发肤受之父母，头发是绝对不能动的。头发留长了以后很乱，怎么戴帽子呢？他就先拿一条带子把头发扎起来，再戴帽子。我们发现这个红丝带原来是他扎头发的带子，当时叫"陌额"。然后，我们在仔细清理的时候，又发现带子外头还有纺织纹路［图1］，有纺织纹路就说明他头上有纺织品。

图1　陶俑头上的“陌额”和纺织品纹路

头上戴的纺织品应该就是帽子。有帽子肯定就有衣服。光身子戴着帽子，那多滑稽啊。咱们谁要是这打扮出门，绝对让街上的人大跌眼镜。那样打扮不神经病吗？

这就提醒我们，这些俑可能是穿衣服的，应当注意仔细清理。果然，接下来就有了重要发现。我们在有的陶俑的身上发现了长袍的遗迹，有的清理出了铠甲片［图2］，还有的陶俑腿部缠着一道一道的红丝带①。更为重要的是，我们还在俑的肩膀的侧面发现了圆孔，而且连着圆孔有木质胳膊的遗迹。这些胳膊都腐朽了，只剩下木灰。这就证明这些陶俑原来是有胳膊的，是通过这个圆孔装上去的木胳膊。这下大家恍然大悟，原来阳陵陪葬的这些裸俑，当时装的是木制的胳膊，穿的是真正的衣服。

图2　陶俑身上的铠甲遗迹

这是考古工作发现的证据，那么，史书上有没有这方面的记载呢？

西汉中期一个叫桓宽的人写了一本书叫《盐铁论》。这是西汉人记录当时的事情的一本书，是最值得信赖的史料。他在《盐铁论》里提到“桐人衣纨绨”。“桐人”就是木偶人，就是“俑”。我们这个陶俑就是仿效木俑制作的。“纨绨”是什么？“纨”是薄的丝绸衣服，“绨”是厚的丝质衣服。就是说，当时这种俑

① 当时叫“行縢”，其实就是部队行军时候缠的裹腿。

人穿的都是丝绸衣服。这可不简单啊！当时一般老百姓穿的是麻，只有贵族才穿丝绸。因为那个时候还没有棉花，因此当时社会上层穿丝绸，下层老百姓穿麻布。不管是丝绸还是麻布，这些纺织品都很容易腐烂。北方地区的地下是半干半湿的状况，这种有机质的东西很难保存下来，所以陶俑的木质胳膊和丝绸衣服已经全部腐朽了。我们现在看到的裸体陶俑似乎有些不雅观，其实在汉代陪葬的时候，人家不是这个样子。当时是陶塑的躯体，木质的胳膊，穿着真正的丝绸衣服。我们可以想象一下当时的情景，穿着丝绸衣服的陶俑军阵，排列整齐，军容肃穆，微风吹过，衣袂飘飘，那飘逸灵动的样子跟活了一样，那是何等壮观呀！

汉景帝阳陵陪葬的这些陶俑当初都是穿着衣服的，因此我们称为“着衣陶俑”。我们前边提到的皇帝的大总管少府的下属，有一个叫作“尚方”的机构，实际上是专为皇室生产器具的皇家手工作坊。这些着衣陶俑就是尚方的工匠们经过严格而复杂的工艺流程制作而成的，因此，这些着衣陶俑是一种专为皇室成员陪葬的高等级的陪葬品。

既然着衣陶俑是一种高等级的陪葬品，在当时应该有着严格的规定，那么除了皇帝、皇室成员之外，其他的一些高级贵族有没有资格使用呢？

有！但是得经过皇帝特赐，就是说要皇帝特别批准，否则就会招致严重的后果。汉景帝时期，曾经做过太尉、丞相的一代名将周亚夫，最终却落得身陷囹圄、绝食而死的悲惨下场，而他的死竟然和这些陪葬用的着衣陶俑有关。

据《汉书》记载，汉景帝时期，周亚夫的儿子为父亲买了尚方制造的铠甲和盾牌500套，准备为他父亲身后陪葬用。他买铠甲应该就是给这些专为皇室陪葬的裸体俑穿戴配备的。因为陶塑服饰的陶俑衣服、铠甲，包括盾牌，一般都是一次塑好了的，不用再单独去装备。他私自买了这些东西，必得雇人去取回。他派雇工们去取却不给雇工们工钱。雇工辛苦半天却得不到一分钱，很气愤，他们也知道周亚夫儿子这是偷着买的皇帝专用陪葬器物，为了报复，他们就把他给举报了。这件事牵连了周亚夫。

周亚夫这个级别的大臣死后应该用什么样的陪葬品，史书没有明确记载，但有一点毫无疑问，他肯定不能用皇帝专用的陪葬品。汉代讲究厚葬，周亚夫的儿子应该是一心想给父亲身后准备最好的陪葬品，再加上当时管理可能也不严格，所以就违规购买了皇帝用的陪葬品。也许他根本就没有想到，因为陪葬品违规，竟然给自己的父亲惹来了杀身之祸。

周亚夫是汉景帝初年率军平定七国之乱的大功臣，曾出任太尉、丞相，但他因在处理朝政的很多事情上与汉景帝意见不合，引起汉景帝反感。汉景帝便暗地里指使有关部门调查周亚夫的过失。周亚夫是个做事恭谨的人，查了半天也没查到他本人一星半点的错误。正在这个时候有人举报说，周亚夫的儿子私自违规购买皇帝的陪葬品。这下可抓住把柄了。汉景帝让廷尉（也就是当时的最高法院的院长）来处理这件事。廷尉审讯周亚夫道："君侯欲反邪？"意思是，你买这么多兵器，难道想造反吗？周亚夫解释说："臣所买器，乃葬器也，何谓反邪？"周亚夫解释说："我儿子给我买的这些东西都是陪葬用的，你怎么能说我要造反呢？"接着，廷尉说了这样一句话："君侯纵不反地上，即欲反地下耳。"这句话是说，你即使不在地上造反，也要在地下造反！这真是"欲加之罪，何患无辞"啊！周亚夫听廷尉这样讲，心里就明白了，这是皇帝要他的老命啊，也知道说什么也不管用了，便在狱中绝食而死。当然了，周亚夫之死的真正原因未必真是这个，但也说明尚方确实是专为皇家生产器物的手工作坊。它的产品是一般臣民不能使用的，否则便是违法，就会被治罪，即便像周亚夫那样为汉王朝立有大功的高级贵族也不例外。

这个问题在考古中也得到了证实。近年来，在汉惠帝安陵、汉武帝茂陵、汉宣帝杜陵等处多有发现，但在级别较低的汉墓，即便是诸侯王陵，都很少发现，其中倒是发现了很多带陶塑服饰的彩绘陶俑。这说明，这种着衣陶俑的使用是有制度规范的，它是专门为皇帝或皇室成员送葬的高等级陪葬品，而一般的贵族大臣在未经允许的情况下不得使用此类陶俑，只能陪葬陶塑服饰的彩绘俑。但是经过两千余年之后，这类当时高级别陶俑肩上精巧的木制胳膊和身上华美的服装全部腐朽了，因此，经考古发掘出土的着衣陶俑就只能以赤身裸体的形象呈现在我们今人面前了。

汉阳陵这些汉兵马俑的发现还纠正了一个过去认识的误区。过去一直认为，古代人对人体解剖的结构比例认识不足，回避对人体的塑造。从汉阳陵出土的裸体俑来看，其实这个认识是错误的，我们古人对人体的解剖结构、比例的认识是非常充足的。因为这些裸俑只有五六十厘米高，人们看他们的时候一般得往下看，这样就容易造成身长腿短的错觉。当时的工匠为了避免这个问题，有意将他们的腿稍微拉长了一点儿。这样的话，我们就会因为视觉的错觉觉得比例反倒协调了，这说明当时的工匠对人体的解剖结构和比例各方面了解得非常透彻。我们这些体型小巧的裸俑其实毫不逊色于米开朗基罗的名作《大卫》。当然了，因为《大卫》高达两米五，而且西方崇尚自然主义，做雕塑没有其他的功利目的，就是要表现人体美，所以他的肌肉、骨骼，还有形体动作都表现出来。而我们这里的这些裸俑是有功利目的的，他们主要表现的是群体，是为皇帝陪葬的群体，所以他的个体表现不像西方的雕塑那么突出。但从艺术性来讲并不比西方的雕塑逊色。

从秦始皇陵到汉景帝阳陵，考古发掘都发现了大量的陶俑，那么，为什么会陪葬这么多的陶俑，它反映了一种什么样的丧葬制度呢？我们先来看看，古代是从什么时候开始用俑陪葬的吧。

中国古代最早是用活人殉葬的，为什么要用人殉葬呢？

其实，这还是灵魂观念在作祟。古人认为，人死之后，他的灵魂会在所谓的阴间继续生活。像在人世间一样，这些贵族需要人伺候，因此，他要带亲随到地下。考古发现，在距今约4000多年的甘肃齐家文化（也就是原始社会末期的）墓葬中，就已经出现了殉人的现象。在一座墓穴中，一个男性墓主仰身居中，两名年轻女性曲肢侧身依附其两旁，好像是在侍奉墓主的样子。这两名年轻女性应为被殉葬者。到了商周时期，殉人之风更加盛行，殉葬少则一人，多则数百人。安阳殷墟发掘的商王武丁墓殉葬人数达360人之多。西周是否流行活人殉葬制度，学术界还有争议。但是，到了春秋时期，殉葬制度依然不衰。

1975年，在陕西凤翔发掘的秦公1号大墓是春秋时期的秦国国君秦景公的墓葬。让考古人员感到震惊甚至毛骨悚然的是，大墓里边围绕着主椁室密密麻麻地排列着一百多具用木匣装殓的殉人尸骨。经过检测，他们很可能是被毒酒毒死的，而更为残忍的是在祭祀坑中发现的20具被砍杀的尸骨，他们是被用来祭祀的人牲，这些人生前可能是战俘或者奴隶，在大墓封埋之时他们被当作牛羊一样现场砍杀。这种殉人制度是何等的野蛮和残酷，因此，在春秋时期，它就开始遭到来自社会各方面的批评和抵制。

秦穆公死的时候，殉葬者有秦国的名臣奄息、仲行、针虎，当时的有识之士就批评秦穆公“死而弃民，收其良臣而从死”削弱了秦国的实力，导致此后秦国国力的衰微。

东方的齐国也有人站出来公开反对过这种野蛮的制度。史书记载，齐国大夫陈子车客死他乡。他的妻子和管家认为，陈子车病重期间没有得到很好的照顾，因此，谋划以活人殉葬，以便在地下伺候他。陈子车的弟弟陈子亢说："用人殉葬，不符合礼制。如果说他有病需要人伺候，还有谁能比他的妻子和管家更周到呢？不用人殉葬就算了，如果一定要用人殉葬，我想你们二位最合适了。"陈子车的妻子和管家大惊失色，再也不敢提以人殉葬的事情了。

到了战国时期，秦献公甚至以法令的形式明确宣布禁止殉人。可是战国后期，秦国的宣太后，也就是芈月，居然又想恢复殉葬制度。她在丈夫秦惠文王死后与大臣魏丑夫"勾搭"，并且爱得死去活来。后来，宣太后年老病重，感觉将不久于人世，于是下令要以魏丑夫殉葬。魏丑夫吓得要死。他的朋友庸芮自告奋勇去劝太后收回成命。庸芮说："太后，你老人家认为人死后还会有知觉吗？"太后回答说："当然没有了。"庸芮见她上了套，便说："像太后您这样英明无比的人，明明知道死人是没有知觉的，为啥还要让生前所喜爱的人白白送死呢？先王活着的时候就对你很不满意，如果死人有知觉，那么你带了个男人到地下，先王岂不更加恨你。到那个时候，你可是悔罪都来不及呀！哪还有什么闲心和魏先生谈情说爱呢？"宣太后听他这么一说，只好忍痛割爱。魏丑夫这才逃过一死。

由于受到社会的普遍反对，殉葬这一送葬形式开始走向没落。有些贵族也主动放弃以活人殉葬的做法。

虽然殉人风俗逐渐退出了历史的舞台，但与殉人相应的"事死如事生"的丧葬观念却依旧根深蒂固。人们开始极力寻求殉人的替代品，于是陶俑陪葬便逐渐流行起来。孔子坚决反对殉人，甚至连使用陶俑陪葬也不赞成。他有一句名言，"始作俑者其无后乎？"在质问一开始使用陶俑陪葬的人难道没有子孙后代。尽管遭到孔子的反对，陪葬陶俑还是盛行起来。目前，考古发现最早的能够确认是用来随葬的俑是安阳殷墟商代晚期王室墓葬中出土的 3 件陶俑，根据其形象推测它们可能是奴隶或者战俘，其功用应与一起埋葬的殉人是相同的。洛阳西周早期墓也出土了一件玉雕奴隶俑。陕西韩城梁带村西周晚期的贵族墓葬中还发现了陪葬的木俑。这些都是早期陪葬的各类质地的俑。

春秋战国时期的俑发现的就更多了。从出土的情况来看，北方流行陶俑，南方（特别是受楚国文化影响的地区）多随葬木俑。北方中原陶俑以乐舞俑为主，生活气息浓厚，给人以死生无异的感觉；而南方楚地木俑多为庄严肃穆、神秘诡异的男女侍俑，反而使人更多地想到人世与阴间的不同。

秦始皇一统天下之后，虽然认为自己“功高三皇，德迈五帝”，但也没有恢复殉葬制度，而是用真人大小的陶俑来代替殉人。虽然这种大小的陶俑费人费力，但总比用活人殉葬要好得多，因此，从社会历史发展来说，秦始皇使用兵马俑陪葬是一个巨大的进步！

遗憾的是，秦始皇死后，秦二世却将秦始皇后宫没有生育过的嫔妃处死为秦始皇殉葬。应该说，这种残酷的人殉制度是在西汉初年才正式被废除的。虽然此后制度性的杀殉没有大量出现，但殉葬之风仍然在一些朝代死灰复燃。一直到清代，人殉制度才正式退出历史舞台。

西汉吸取了秦的教训，推行轻徭薄赋、与民休息的宽松统治政策。人殉这种野蛮的丧葬制度，当然会被彻底摈弃。但为了给皇帝营造一个地下王朝，就得大量陪葬人殉的替代品——陶俑。这就是我们在汉景帝阳陵发现众多陶俑的原因。

汉景帝是公元前141年去世的，与秦始皇时代仅相距70年。秦始皇的兵马俑高大威猛，汉景帝的地下军阵却是一支袖珍兵团。汉承秦制，为什么陪葬陶俑却迥然不同，西汉的帝陵制度发生了哪些改变呢？

我觉得，西汉的开国皇帝汉高祖在确定帝陵制度的时候很纠结：一方面，他要吸取秦始皇滥用民力、大修陵墓导致秦王朝短命而亡的教训；另一方面，他毕竟是皇帝，与战国时期的诸侯王不一样，再怎么着也不能将陵墓修得太小，让百姓轻看。汉高祖是中国历史上的第一位草根皇帝。他对自己的这个平民出身其实很在意，为什么这样讲呢？因为我们有证据。我们知道，记载西汉历史的两本史书《史记》和《汉书》都是当时的人写的。刘邦的出身众所周知，也没法改变，可是他的出生却可以做文章。书中记载，他的母亲有一次在沼泽边上休息时，“梦与神遇。是时雷电晦冥，太公往视，则见蛟龙于其上。”这就是说汉高祖刘邦实际上是龙种啊。还有更神奇的。秦末，刘邦负责押送刑徒到关中服苦役，半道上他把这些人放了。这明显触犯了秦法，刘邦只能逃亡。其中一部分人觉得刘邦很仗义，就愿意跟随他一起逃亡。刘邦很高兴，喝了点儿酒。在路上遇到了一条大蛇挡道。其他人吓得不敢走，刘邦有点儿喝高了，大喊道：“壮士行路，怕什么！”说完，挥剑将蛇斩为两段，大家这才过去。故事到这里还没完，说是后来有人途经斩蛇的地方，发现有个老太太在哭，一打问，老太太说：“我的儿子是白帝的儿子，化成蛇挡道，被赤帝的儿子给杀了，所以我才哭啊。”这刘邦又成了天帝的儿子了，他的出身越来越神秘，头上的“光环”越来越多啊。史书记载的刘邦的这些神秘经历，应该都是从当时的官方档案里抄来的。既然是官方档案，就完全有可能是刘邦授意伪造的。因此，我们讲，刘邦很在意自己的出身。为了抬高自己，光伪造履历还不够，他还必须在居住、用度上尽可能高人一等，达到令人仰视的目的，以这样的“威”来服众。

这里有个故事。说是汉高祖八年，刘邦亲自率军征讨反叛的诸侯王。丞相萧何坐镇关中，营建都城长安，其中一项重大工程就是未央宫的建设。刘邦回来之后，发现萧何建的未央宫非常豪华壮丽，非常生气，当即就严厉地批评萧何道：“治宫室过度”。萧何说：“天子四海为家，非壮丽无以重威……高祖乃说。”汉高祖这才高兴了。这说明，刘邦君臣一方面吸取秦滥用民力二世而亡的教训，另一方面又不愿意降低规格，让百姓轻看。汉初君臣的这种心态也体现在陵墓制度方面。他们试图探索创立西汉王朝自己的陵墓制度，要求既不能像秦始皇陵那样过于奢华，也不能过于小气，要体现出皇帝至高无上的权威。最终他们选择继承秦始皇陵的基本形式，但是改变陪葬内容。正如，我们现在看到的汉景帝阳陵，有双重陵园、高大的封土、众多的外藏坑等，这都是秦旧制。但外藏坑中却不再陪葬劳民伤财制作而成的真人大小的兵马俑，而是代之以楚地流行的五六十厘米高的俑。

为什么用楚地流行这种只有真人三分之一大小的俑来陪葬呢？

我们推测，主要有两个方面的原因：

其一，秦始皇陵陪葬的真人大小的兵马俑虽然威武、气派，但制作起来势必耗费巨大的人力、财力。秦始皇就是穷奢极欲、滥用民力导致秦帝国二世而亡。汉朝的开国皇帝汉高祖刘邦亲身参加了推翻秦王朝的战争，他深切地感受到农民起义摧枯拉朽的力量。为了吸取秦亡的教训，汉高祖刘邦不但要求他自己，而且还会告诫他的子孙要推崇无为而治，提倡节俭实用，尽量体恤百姓。具体到丧葬制度上，他们应当会克制自己，这种缩小版的陶俑比起秦兵马俑来，无疑更省工、省力。

其二，因为汉高祖刘邦和他的那些开国功臣们大多是楚国人，他们喜欢自己的文化和风俗。《汉书》记载：

高祖乐楚声，故房中乐楚声也。

因为高祖喜欢楚国的音乐，所以宫廷里边就流行楚乐。除喜好楚国音乐外，刘邦还喜欢楚服。秦末，天下大乱，秦朝的博士叔孙通来投靠汉王刘邦。博士是当时皇帝的智囊团成员。高级知识分子，那得有知识分子范儿，因此他穿着一身褒衣博带的儒服就去见刘邦了。没想到这身打扮却让刘邦很不爽，大骂道："竖儒无用。"叔孙通是个聪明人，他见刘邦虽然粗鲁却有王者气魄，能成大事，因此，决定死心塌地地追随。主子既然不喜欢儒服，那就立马就换上楚国的短装。果然，刘邦乐了。这说明，汉朝的皇帝很喜欢自己的乡风乡俗。因此，他们更乐意用楚国风味的陪葬品来陪葬。而楚地丧葬风俗流行使用木雕身体、穿着衣物的木俑陪葬。在今天的湖北、湖南等地的楚墓里，考古发现了很多这样的着衣木俑。木雕的俑限于原料和工艺的复杂，不可能做得像泥土制胎、烧造成形的陶俑那样高大，因而，形体普遍较小。在湖北江陵一座战国晚期的墓葬中，出土了一件穿着衣服的木俑，这个木俑是一个侍女俑，她的高度也只有50厘米。这种习俗后来被原楚国疆域内的西汉墓所沿袭。中华人民共和国成立后发掘的湖南长沙马王堆曾出土有2件戴冠着衣男俑、10件着衣女仆俑和8件着衣歌舞俑，俑体均为木制，躯干仅刻出轮廓，身着罗绮所制的衣物。这些西汉木俑明显承袭了楚俑的造型风格。

楚地流行的是木俑，而阳陵外藏坑陪葬的却是陶俑，这又怎么解释呢？因为木俑需要一件一件地雕刻，费时费力，而陶俑却可以在尚方的手工作坊中大批量制作。在长安城遗址考古中，考古人员发现了制作陶俑的陶范［图3］。陶俑用陶范模制、烧制成之后，再装上木制的胳膊，既省工又不失木俑的味道。

图3 制作陶俑的模具

中国自古以来讲究"事死如事生"，认为人死后会到一个阴间世界，如果把死者生前的一切带到地下，他在阴间的生活会与生前一样。所以无论秦始皇还是汉景帝，陪他们葬入地下的这些兵马俑相当于一支冥军，在地下千秋万世地守卫他们的阴间王朝。

秦俑与汉俑虽然形体、面貌相差很大，但对社会的进步意义是一样的。

如果说，秦始皇用真人大小的陶俑代替殉葬是一个巨大的社会进步的话，汉景帝使用三分之一缩小版的陪葬品，也是一种巨大的社会进步。

这些汉代兵俑的发现仅仅揭开了这个地下王朝的冰山一角，然而仅是冰山一角就已经有了这么重大的发现和收获。那么，接下来的考古发掘还会带给我们哪些惊喜呢？阳陵发现的裸俑，除了上面讲到的军士、官吏之外，还会有哪些身份呢？

（陕西省考古研究院　马永嬴）

大汉骑兵

秦始皇的兵马俑闻名世界，可是很多人并不知道，早在两千多年的中国古战场上，还有一支强大的装甲部队纵横驰骋，无坚不摧。这支“装甲部队”其实就是汉代的骑兵军团。在汉阳陵出土的文物中，就有这样一群姿势怪异的陶俑。本篇将带您一起揭密这些“怪异”陶俑的来龙去脉。

上文我们说到，汉景帝阳陵的外藏坑中出土了大量没有胳膊的裸体陶俑，当时大家很疑惑。后来，经过仔细清理，我们在陶俑身上发现了木制胳膊，还清理出了纺织品的遗迹。再对照文献记载，我们终于弄明白了，这些缺臂裸体的陶俑原来配有木制的胳膊，穿着真正的衣服，是一种专为皇室陪葬的高等级的陪葬品。我们叫它着衣陶俑。这个问题刚一解决我们又发现了新的问题。在阳陵的南区外藏坑里边发现了一种姿势怪异的裸俑，他们的上半身没什么特别的，也是五官俱全，没有胳膊，橙红色的身体，与原来的陶俑一样，但腿脚却不同了。他们两腿分开，向外曲膝，呈现一种半蹲的姿势。我们前边讲过，阳陵的南北区外藏坑象征西汉前期的中央直属部队南北军，因此，已经出土的陶俑有的是挺身直立，整装待发的样子；有的是跨步向前，正在行军的姿势。可是这批陶俑却是这么个动作，他们究竟在干什么？难道说他们在蹲马步练武术？西汉的军队里有一群武林高手？

我们前边讲了，考古学是一门科学，讲究证据。你得出结论得有依据，不能仅凭直观形象。因此，这个疑问我们还得压在心里，通过后边的考古发现结合历史文献来论证研究，才能得出可靠的结论。

考古工作是个细活，得耐着性子慢慢清理，一时半会儿难以给我们提供有价值的线索。为了尽快解开这个谜，我们只好查阅相关的史书。既然这种蹲马步的陶俑出自象征军队的南区外藏坑里边，那它肯定就与军队有关。我们先来看看，当时都有哪些军种？究竟有没有一支与武功有关的军队呢？

根据史书记载，西汉前期的兵种主要有步兵、车兵、骑兵三种。我们在阳陵的南区外藏坑发现的那些裸俑，大部分都象征步兵。车兵也有发现，只是因为他们的战车是木制的，经过两千年都腐朽了，只剩下一些遗迹，不像步兵那么容易辨识。可是骑兵却一直没有发现，汉景帝是否根本就没有陪葬骑兵？难道骑兵在当时无足轻重？

我们再来看看，当时的骑兵在国家的政治生活中扮演着什么样的角色吧。

春秋以前，作战以车战为主，步兵仅起辅助作用，基本没有骑兵这一兵种。到春秋时期步兵开始兴起，军队里边的车兵和步兵都受到重视，也出现了少量的骑兵。到了战国时代，随着战争规模的扩大，战术的多样化，以及同北方游牧民族的战争需要。骑兵作为一种独立的兵种正式登上历史舞台。当时，像秦、赵等大国都建立了自己的骑兵部队，号称“车千乘，骑万匹”。赵国名将李牧以骑兵为主力，配合步兵、车兵大破匈奴，歼敌十余万。秦国也以骑兵精良著称。秦赵长平之战中，主将白起用五千精锐骑兵将赵军截为两段，使其首尾不能兼顾，对全歼赵军起到了关键作用。

楚汉战争时期，刘邦多次被项羽的骑兵威胁。为了与其对抗，刘邦组建了他自己的骑兵部队。此后，这支部队在战争中发挥了重要作用。据《史记》记载，汉军骑兵组建时间不长，就在楚汉对峙的荥阳东大破楚军骑兵，后来，又奉命断绝楚军粮道，多次击败楚军。楚汉垓下决战，项羽兵败突围，骑将灌婴率领骑兵穷追不舍，最终迫使项羽乌江自刎。

汉王朝建立以后，饱经战乱的中原一带总算安宁下来了。西汉王朝为了恢复社会经济，发展农业生产，采取“轻徭薄赋”“与民休息”的宽松统治政策，并让士兵大量复员回乡，增加劳动力。但即便在这样的背景下，有一支队伍不但丝毫没有受到影响，反而得到了长足发展，这支队伍就是骑兵。为什么骑兵在和平的环境下反而得到了加强呢？

因为西汉的北方边境并不太平，强大的北方游牧邻居匈奴经常南下抢掠、骚扰边境。汉王朝立国之初，也曾想解决这个边患问题。据《史记》记载，汉高祖七年（公元前200年），匈奴大军攻入马邑（山西朔州），刘邦集结32万部队，御驾亲征，想一举打垮匈奴，彻底解决问题。不料却中了匈奴单于冒顿的诱敌之计，被匈奴40万骑兵围困在平城（山西大同）的白登山七天七夜。白登之围使刘邦认识到，目前中原战火刚息，国力虚弱，而匈奴却正当强盛，硬打是打不过的。为了求得暂时的和平，刘邦只好采取了和亲的策略。什么是和亲呢？就是将汉室的公主嫁给匈奴单于，并送给匈奴大量的粮食、布帛等财物，算是两家结为亲戚，不再处于敌对状态了。

白登之围对刘邦的教训太深刻了，他之所以被匈奴军队包围，就是因为汉军绝大部分是步兵，骑兵只有几千人。因此，刘邦在追击敌军的时候，作为主力的步兵，行动迟缓跟不上；而匈奴几十万大军都是骑兵，来去自如，机动灵活，能够不失时机地迅速展开军事行动。他正是吃了这个亏，所以想战胜这个对手，必须发展自己的骑兵。

利用和亲赢得宝贵时间，汉王朝不动声色地壮大自己的骑兵力量。在经历了多年的发展之后，汉王朝的骑兵逐渐形成了一支相当大规模的武装部队。匈奴这边在接受了汉朝的公主和财物之后，却仍然时不时地南下侵扰，抢掠人口和财物。面对匈奴咄咄逼人的进攻，西汉王朝虽然没有组织大规模的反击，但也并不都是退缩避让，被动挨打。汉文帝三年，匈奴骑兵侵占黄河以南地区，汉文帝命令丞相灌婴率领85000人的车兵和骑兵北征。匈奴得到消息后，不敢应战，急忙后撤。公元前166年，匈奴单于率兵大举犯边，汉文帝征发战车1000辆，骑兵10万人，驻扎京城附近以防不测。除此之外，《史记》记载，他还派遣张相如等五位将军兵分三路“大发车骑往击胡”。这次战争的结果是汉军最后将匈奴单于赶到了长城以北。

这样看来，骑兵在当时是封建国家的一支重要武装力量，特别是在对付北方劲敌匈奴的时候，更是不可或缺。既然骑兵在当时扮演着如此重要的角色，汉景帝怎么会不给自己的地下王朝设置骑兵呢？那些个曲膝半蹲的陶俑不正是骑马的姿势，难道他们就是汉景帝为自己陪葬的骑兵？为什么这些陶俑只摆出了个骑马的姿势，胯下却没有战马呢？

这些问题一直困扰着我们，让人百思不得其解。我们查阅史书，虽然没有找到关于陪葬用马的记载，但却找到了一条有关祭祀用马的史料。《史记》记载，汉武帝曾经指示有关官员以“木禺马”祭祀神灵。这个“木禺马”又是个什么东西呢？

清朝学者吴玉搢、顾炎武等认为，古代“禺”和“偶”意思相通，“木禺马”其实就是木偶马。我们都知道，由于科技水平有限，古人非常迷信，因而对祭祀神灵相当重视。《左传》说，“国之大事，在祀与戎”，将祭祀与战争并列，可见对其重视程度。但既然这么重视，为什么汉武帝不许用真马祭祀，而是以木马代替呢？

因为汉代马匹奇缺。《史记》记载：

（西汉初年）自天子不能具钧驷，而将相或乘牛车。

意思是说，汉高祖刘邦想要找四匹相同颜色的马来驾车都找不到，那些大臣有的只能坐牛车。马就这样稀缺，而汉王朝当时又想发展自己的骑兵来对付匈奴。你没有马还谈什么发展骑兵。在马这个问题上，刘邦绝对是受过刺激的。白登山之围时，刘邦亲眼看到，匈奴骑兵不但人数众多而且队伍齐整，连马的颜色都一样：西边全是白马，东边全是青马，北边全是黑马，南边全是枣红马，可见匈奴马的数量之多。

刘邦应该就是受了这个刺激，后来在制定政策的时候，除了强调发展农业生产、恢复经济之外，还特别注重养马。

西汉前期，不仅鼓励民间养马，还动用国家力量去建设有先进技术的国家养马场。同时，制定法律，以保障养马。当时以重刑惩治盗窃牛马的罪犯，规定“盗马者死，盗牛者枷”，知情不报也要受到惩罚。可见，汉代对马匹管理有着相当严厉的法律规定。

在这种情况下，即使国家的祭祀活动也尽量不用真马，而用木马替代。既然祭祀可以用木马替代，那么陪葬为什么不能呢？更何况这两者的功用也基本相同，祭品是为了让祭祀的神灵享用，陪葬品同样也是为了让逝者在阴间享用。再说了，有些祭祀的方式甚至与陪葬一样，也是把祭品埋到地下献给神灵。因此，人们很自然就会想到以祭祀神灵的木马来替代极其紧缺的真马做陪葬品。这样来看，阳陵的外藏坑里可能会用木马陪葬。

这个提醒相当重要，接下来我们在汉景帝陵的第 11 号外藏坑做考古发掘的时候，就非常小心了。特别是清理那些蹲马步的陶俑的时候，为了避免踩到遗迹，考古队员们趴在悬空的吊板上，一手拿着竹签，一手拿着毛刷，几乎是一粒一粒地剥离陶俑周围的泥沙，唯恐损伤了重要的遗迹。功夫不负有心人，我们终于在一个蹲马步的陶俑身下的泥土中清理出了一个具有马的外形的红漆痕迹。经过鉴定，果然是木马。那些木马已经彻底腐朽，现在清理出来的是当时漆绘在木马身上的红色颜料。因为木马的腐朽经过了漫长的过程，它一点一点腐烂，一点一点渗入泥土，最后就全部渗在泥土中了。这些木马其实是泥土上包裹了一层薄薄的漆皮，非常脆弱，稍微不注意就被破坏掉了，因此，清理出来相当困难。不过有了这个经验，我们后面的清理工作就相对容易一些了。经过大家耐心细致的工作，接二连三地清理出了一大批木马的遗迹。这样，我们可以长长地舒口气了，终于又搞清了一个谜团。但紧接着新的问题又来了。当时，怎么不用陶马陪葬呢？既然兵俑是陶制的，为什么要用木马呢？

其实，替代真马陪葬的最早还真是陶马。秦兵马俑坑就出土了仿真的陶马。咸阳市东郊的杨家湾汉墓被认为可能是汉初名将周勃或周亚夫的墓葬，1965 年在这座墓的旁边发掘的外藏坑里就出土了 583 件骑兵俑，这些陶俑骑的就是陶马，只是体型大约为真马的四分之一。既然西汉初期的大臣陪葬墓用的都是陶马，为什么阳陵却是木马呢？

我们推测，木马在当时可能是一种高规格的陪葬品。首先，木马在同类陪葬品中有着较高的地位。西汉初年，因受经济条件的限制，不仅陪葬的马用替代品，其他像猪、狗、牛、羊、鸡等也以陶制品来替代陪葬。但马因其自身的生物特性，在古代的社会生活，特别是政治、军事活动中有着特殊的地位。陪葬所用的马虽然只是象征，但古人灵魂观念浓烈，主张“事死如事生”。因此，即使在阴间，他们也会通过各种手段尽量复原人间世事。而陶制的马因所用的材质和表现的手法与其他动物相同，无法体现它的尊贵，为了表现马的与众不同，人们便想尽办法在材质和工艺上将它区别开来。木马作为替代品，其材质较之陶土要高贵得多，精雕细刻的工艺也比模制捏塑复杂一些。木马经过髹漆彩绘以后，其外观也比陶马更华丽、生动。

另外，还有一个原因。据《后汉书》记载，光武帝刘秀在安排自己的陵墓的时候曾讲道：

> 古者帝王之葬，皆陶人瓦器，木车茅马，使后世之人不知其处。

可见，汉代的皇帝认为“木车茅马”是贤明帝王的标准陪葬品。而木马比陶马更接近“茅马”。

在考古工作中，我们也发现，这种木马大量出现在西汉帝陵的外藏坑中，其他身份稍低的贵族墓葬则极为少见，即使在诸侯王墓里边也是凤毛麟角，难得一见。因此，阳陵发现的这种木马可能是当时仅限于皇帝陪葬的高规格的陪葬品。

问题一个个地迎刃而解，考古队员们心情喜悦，干劲更足。可是，一波未平一波又起，考古发掘工作又有了新发现。就在我们搞清楚了骑兵的木马问题的时候，却又清理出土了一种面貌奇特的骑兵俑［图 1］。这些陶俑的姿势跟以前发现的那些骑马俑一样，也是半蹲曲膝的样子，但他们的面部却令我们吓了一大跳。这些陶俑［图 2］眼睛细长，颧骨高耸像扣了两个馒头一样。这些面部特征非常夸张的骑兵俑和以前的那些骑马俑相貌迥异，那么，这又是怎么回事呢？这些骑马俑究竟是些什么人呢？

图 1　骑兵俑

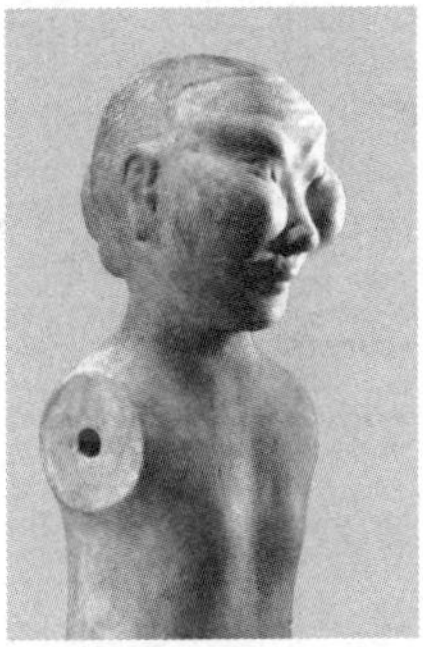

图 2　高颧骨陶俑

这些相貌奇怪的陶俑就出现在汉景帝地下王朝的骑兵队伍里，因此，弄明白了西汉王朝的骑兵是怎样发展起来的，可能会有助于我们解决这个问题。

我们前边讲了，西汉前期，为了对付匈奴，几代皇帝都注重骑兵建设。为了解决马的问题，政府采取各种举措，大力发展养马事业。此举收到了良好的效果。据《汉书》记载，汉初经过六七十年的休养生息，到了汉武帝即位初年，“众庶街巷有马，阡陌之间成群”。乡间街巷到处都是马，田野上更是马匹成群。数量众多的马匹为西汉骑兵的发展壮大奠定了坚实的基础。

马的问题解决了，但一支精良的骑兵不是光有马就行，马背上的人才是决定因素。你要是从世世代代耕田种地的人群中拎出一个来，即使给他一匹好马也没用。他能在马背上坐稳了不掉下来就不容易了，更别说让他舞刀弄枪地去打仗了。因为当时的马具非常简陋，我们前边讲到的，杨家湾汉墓外藏坑发现的那些骑兵俑，别看一个个“雄赳赳，气昂昂”，看样子军容威武，气势不凡。可你再仔细观察他们的马具，竟然没有马鞍、马镫，这些骑兵的屁股底下就铺了块垫子。这马怎么骑啊？

其实，杨家湾的兵马俑就是当时骑兵配置的真实写照。那个时候确实没有像我们现在的高桥马鞍和马镫。高桥马鞍就是前后两边翘起的一种马鞍，这种马鞍是西汉末年或者东汉的时候才出现的。马镫则到了魏晋的时候才发明出来。高桥马鞍可以让人前后有个依靠，马镫可以稳定，防止左右摆动，没有这两样东西，人在马上坐不稳，很容易掉下来。因此，当时的骑兵只能使用弓箭这种远投射武器，远远地射杀敌人，他根本不敢近距离与敌人厮杀。因为如果你骑着马到了步兵跟前，步兵不用跟你打，只需要挥舞兵器惊吓你的战马，马会本能地跳跃躲避，你如果骑术不高，就有可能摔下来，束手就擒。因此，骑兵与步兵近距离交战，就是骑兵自投罗网去送死。这就限制了骑兵的作战方式，大大影响了骑兵的战斗力。

说到这里，可能大家会问，那匈奴骑兵的马具和西汉骑兵的是一样的，为什么他们的战斗力就没有受到限制呢？关于这个问题，我们来看看当时人的说法。同样缺少马镫，为什么匈奴人比汉人的骑射技艺高超呢？司马迁的《史记》在记载匈奴人的习俗时说，匈奴人：

儿能骑羊，引弓射鸟鼠；少长则射狐兔，用为食。士力能弯弓，尽为甲骑。

匈奴人年幼时就学着骑羊射杀小动物，随着年龄增长，练习骑马射杀狐狸和兔子等大一点儿的动物，等到成人以后自然训练出高超的骑射技艺，匈奴全都是能征善战，素养很高的骑兵。

史书中的这一段记载，更能说明问题。说是西汉骑兵几十号人在北方边郡遇见三个出来射雕的匈奴骑兵。这下捡着便宜了，几十个人对付三个人，那还不容易吗？他们就这样围上去了。没想到匈奴骑兵非常自信，他们不但没有仓皇逃跑，而且还不慌不忙，张弓搭箭，并且百发百中。汉军骑兵应声倒地，伤亡惨重，不一会儿就只剩下几个人了。这就是差距！这场遭遇战既没有任何战术安排，也没有任何运筹谋划，更无关天气地形，纯粹是战斗素养的较量。同样是骑兵，对方三个人轻松地就干掉了这边几十个人。没有习武之风的熏陶，没有剽悍勇烈的氛围，没有终日驰马射猎的生活基础，又如何让人敢去期待产生一支精良的骑兵部队呢？

汉文帝时候的大臣晁错就讲道：

上下山阪，出入溪涧，中国之马弗与也；险道倾仄，且驰且射，中国之骑弗与也。

意思是在复杂的地形中，汉朝的马不如匈奴的马适应性强；在危险的环境下一边跑马一边射箭，汉朝的骑兵也不如匈奴的骑兵本领高强。

所以说，要想建立强大的骑兵队伍，一是要有优良的战马，二是要有善于骑射的士兵。马的问题已经解决了，那么，人的问题又该怎么办呢？

汉朝政府意识到了农耕民族与从小擅长骑射的游牧民族之间的巨

大差距，所以，就在骑兵来源上动了心思。史书记载，西汉的骑兵主要从西北的天水、陇西、安定、北地、上郡、西河，也就是今天的甘肃和陕西北部的郡县选拔，这些地方与北方游牧民族相邻，当地百姓“修习战备，高上气力，以射猎为先”。他们日常生活就是在训练备战，而且民风剽悍，崇尚气力，以射猎为主业。这些地方的老百姓风俗习惯、个人技能、身体素质都非常适合充当骑兵。汉代名将李广、李息、公孙贺等人都出自这些地区。我们上面讲到，几十名汉军骑兵眼看就要被三个匈奴骑兵杀光了。这个时候，一个厉害人物上场了，谁啊？飞将军李广快马赶到，形势立即急转直下，只见他“且驰且射”，箭无虚发，匈奴那三位刚才还很嚣张的射雕英雄转眼就被他射死了俩，剩下的一个吓得扭头就跑。这会儿跑已经来不及了，李广快马加鞭，“手到擒来”，抓了个活的。

怎么样？这打猎的和种田的就是不一样！

既然这样，骑兵就多招点儿打猎的呗。为了扩大兵源，汉朝政府除了从北方边郡老百姓中选拔骑兵，还直接从投降过来的游牧民族中吸收兵员。其实，早在楚汉战争时期，项羽和刘邦的骑兵队伍中就出现了游牧民族的骑士。我们前边讲到，汉营的骑兵发展起来之后，骑将灌婴率军与项羽的骑兵对垒，在一次交战中，部下斩杀“楼烦将五人”。楚汉在广武（今河南荥阳东北）对峙的时候，楚军壮士出营挑战，“汉有善骑射者楼烦，楚挑战三合，楼烦辄射杀之”。汉营有一个善于骑射的楼烦人一连射死了三个挑战的楚军壮士。有的学者研究认为，楼烦是北方游牧民族北狄的一支。这样来看，当时楚汉双方的骑兵队伍中都有善于骑射的游牧民族骑士。

汉文帝的时候，晁错曾经建议，将投降的游牧民族西戎人与汉朝骑兵混编起来，组成一支精良的队伍。汉景帝的时候，有很多匈奴人投降汉朝。我们推测，西汉王朝既然能够把西戎人吸收进骑兵队伍，那么，肯定也会吸收这些投降的匈奴人充当骑兵。到了武帝的时候，就设置了长水校尉、胡骑校尉，管理北方游牧民族骑士组成的骑兵队伍。这种成建制的骑兵队伍的出现绝非偶然，应当是前边就打下了基础。

那么，这个事跟我们在阳陵的外藏坑发现的那些相貌奇特的骑马俑又有什么关系呢？

这关系可大了。我们注意看，那些普通的骑马俑面部塑造和咱们非常像，是典型的黄种人。而那些游牧民族也是黄种人，这里不光有匈奴人，还有我们前边提到的北狄、西戎等。匈奴的人种，学术界尚有争议，但大部分学者认为匈奴人还是黄种人。这样一来，这些游牧民族的面部特征就和我们一样了，那么，怎么区别夷狄和华夏呢？

我们都知道，古人自认为中原是文明的中心，自命天朝，对周边的少数民族很是鄙夷，极力贬低、丑化他们，说他们是“非我族类”，意思是说他们不像我们的样子。《山海经》里边提到的夷狄之人都是奇形怪状的。汉、晋时期的人更是认为这些夷狄之人是“人而兽心”（《汉书》）“与鸟兽无别”（《后汉书》）“种类乖殊”（《徙戎论》）。甚至到了宋代的大画家李公麟画《职贡图》的时候，还有意将外国的首领画成一副丑陋的形象。

既然那些夷狄在我们古人的心目中是这个样子，那么，在塑造他们的形象的时候就好办了。身体四肢没法动手脚，要做个三头六臂可就真成怪物了，那就只剩下脸了，脸可以艺术夸张。于是，将这些夷狄之人的面部塑造得比华夏人怪异，作为区别华夏与夷狄的最好办法。因此，我们认为，在阳陵外藏坑发现的那些面貌奇特的骑兵俑，表现的正是汉王朝军队中（包括匈奴人在内）的游牧民族骑兵的形象。

用原本敌对的游牧民族来充实自己的军队，提高战斗力，显示出汉王朝博大的胸襟和开放的气度。正是因为骑兵实力的壮大，汉武帝才取得了反击匈奴的最终胜利，极大地推动了汉王朝社会发展并将其推向了顶峰。

西汉王朝吸收游牧部族发展骑兵的历史细节，在汉景帝阳陵的考古发掘中得到了还原。考古总是充满了神秘和意外，那么，接下来又将有哪些新发现呢？

（陕西省考古研究院　马永嬴）

宦者俑

在汉阳陵已出土的众多人物俑中，从形体大小到彩绘表情都异彩纷呈，尤其是这些陶俑大多数都是裸体俑，男女特征清晰可辨。而在汉阳陵的外藏坑内，惊现一种身体器官残缺、不男不女的裸体俑，引起了考古人员的诸多猜测。难道这些面容平静却又略带愁苦的“奇怪陶俑”，就是中国古代的宦官吗？它们的出现又为我们揭开了西汉时期的哪些宫刑秘密？

上文我们讲到，汉景帝阳陵的外藏坑里发现了数量众多的裸俑，根据他们身边出土的器物和带有文字的印章，我们推断出这些裸俑有的象征守卫皇帝陵墓的军队，有的象征地下王朝的官吏。我们知道，封建皇帝身边可不是只有这两类人，他还有大量伺候他饮食起居的仆从杂役等，那么汉景帝为自己营造的地下世界里边有这些人吗？

1998 年，我们在发掘汉景帝陵第 17 号外藏坑的时候，发现了 10 多件裸体陶俑。乍一看，这些陶俑和我们以前发现的陶俑没什么区别，可是仔细观察就会发现其中的三件有点儿特别。特别在哪儿呢？这三件陶俑的私密处有点儿怪。汉阳陵出土的所有人物陶俑有个特点，就是绝对地仿真，身体器官的塑造细致入微，毫不马虎。可这三件陶俑看上去有点儿不对头，既不是男性特征，也不是女性特征，私密处只有一个小凸点。这不男不女的陶俑是怎么回事呢？是不是遇上了一个粗心大意的工匠呢？

就在我们疑惑的时候，在这座坑里起来出了一枚印章，上面有四个字："宦者丞印"［图 1］。

图 1　宦者丞印

宦者丞印？难道这些奇怪的陶俑就是我们熟悉的宦官吗？为什么叫他们宦者而不是宦官呢？西汉有"宦者丞"这个官职吗？我没有找到汉景帝时期的相关记载，但是《汉书》记载了这样一件事。说是汉武帝时期，昌邑王有个年轻的随从叫许广汉。有一次，昌邑王跟随汉武帝去甘泉宫，许广汉也跟着去了。在备马的时候，许广汉误将别人的马鞍子放在了自己的马上，结果惹了大祸，被有关部门“劾从行而盗”，就是说侍候皇帝时居然偷盗，判为死罪。这在我们今天算不得什么大事情，可在当时就不得了，因为他这次是在侍候皇帝，容不得半点差池。后来，汉武帝又下诏让他以宫刑代替死罪。宫刑就是阉割男性生殖器官的一种酷刑。许广汉被阉割后，就进宫当了宦者丞。看来西汉当时确实有“宦者丞”这个官职。

既然这样，这三件生殖器官残缺的陶俑，应当就是象征在宫廷服务的宦者一类的人员，我们可以叫它们“宦者俑”［图2］。这样看来，出土这三件宦者俑和“宦者丞印”的第17号坑应该就是汉景帝地下王朝的宦者署，那宦者丞又是个什么官呢？

图2 宦者俑

我们前边讲过，少府是管理皇帝生活的大总管。他的下属有很多专为皇帝服务的职能机构，其中就包括了宦者署，专门管理宦者。既然汉王朝有这样的官职，汉景帝的地下王朝设置宦者署也就顺理成章了。

第 17 号坑发现的这三件宦者俑意义非凡，为什么呢？这可是目前出土的最早的宦官俑啊。看到它们就知道两千多年前的宦官是什么样了。这些俑的面部线条非常柔和，看上去多少有点儿女性化，神情略有些愁苦，那么在两千多年前的西汉，这都是些什么人呢？他们为什么成了宫廷里的宦者呢？

根据史料记载，当时西汉宫廷里的宦者主要来源是“刑余”之人，就是受了宫刑的罪犯。这个历史往前可以追溯到距离现在三四千年前的夏商时代，那时候就有被阉割的男子在后宫服务的记载。宫廷中为什么要用这些人呢？很简单，后宫中的美人们当然不能自己干粗活，如果弄一批正常男人入宫，皇上能放心吗？更重要的是，要想维护皇家血统的纯正，使用这些没有性功能的阉人是最好的选择。于是，受了宫刑的人就成了宫里的宦者，当时有寺人、阍者、宫隶等的称呼，说白了就是宫廷奴隶。

宫刑是中国古代最残酷的刑罚之一。据史书记载，这个刑罚最早创始于上古时期一个叫三苗的少数民族，这种刑罚叫“椓刑”。夏、商、周继续沿用，称作“宫刑”，就是把正常的男性给阉割了。那么，都是些什么人，又犯了什么罪得接受这样的惩罚呢？最早的宫刑只是针对不正当男女关系的淫罪，当然，男女都要受刑。我们今天谈的是针对男性的宫刑。

我们可以理解为早期宫中的宦者都是犯了男女关系的错误，接受了这种残酷刑罚的，但是后来宫刑受刑的范围扩大，罪名多起来，受刑的人多了，于是后宫宦者的储备人数就多了起来。也就是在汉景帝时期，宦者的储备人数又发生了变化，为什么呢？当年汉景帝进行法制改革，减轻刑罚时有这么一条“死罪欲腐者许之”，当时宫刑也被称为“腐刑”，所以可以解释为允许用宫刑代替死刑。好死不如赖活着，于是就有一些人用接受宫刑来换活命的机会。汉景帝允许以宫刑代替死刑，宫刑的性质由单纯的淫罪之刑演变为免死之刑。这个变化一方面大大扩充了宫刑阉割对象的来源，另一方面宦者的成分也发生了很大变化，不仅仅有犯了淫罪的人，还有了一部分其他罪犯，甚至一些犯错的官员，比如前边讲到的许广汉，还有著名史学家司马迁等人。我们在阳陵发现的宦官俑脸上看到一些愁容，或许是这样一群人心情的写照，平静的外表下，他们的内心应该是复杂的。

在中国古代，宫刑仅次于死刑，它是极其残酷恐怖的。没有麻药，没有好的止血措施，要生生地割去人的要害器官，想想都让人不寒而栗。关于秦汉时期的阉割技术，史书上并没有明确记载，但是阳陵发现的宦者俑引起了有关学者的关注，因为它明确了一个有争议的问题，什么问题呢？就是当时宫刑究竟切除了什么，这一点后世的人们颇有争议。有人用骟割雄性动物的原理推测，认为当时只是切除了睾丸，这样就能够达到破坏生育能力的目的。也有人认为，不仅切除睾丸，阴茎也切掉了。阳陵发现的宦者俑很直观地回答了这个问题，就是当时的宫刑是将阴茎和睾丸一并切除，我们看到这些陶俑的阴部仅剩一个小凸点，说明当时切除的是整个生殖器。

秦汉时期宫刑被称为“下蚕室”。为什么有如此称呼呢？唐代学者颜师古为《汉书》做注解时说：养蚕人将蚕放在密室中，生火保持室内温度，让蚕尽快长成。宫刑手术后怕受风寒，须将伤者放到一个温暖的密室，就像养蚕的密室一样的地方，静养一段时间，等伤愈后才能出来。所以，当时将宫刑称为“下蚕室”。这是当时阉割术后病人修养恢复的情况。我没有找到汉代文献关于阉割手术的具体记述，但是《旧唐书》中有一个相关的记载，听起来令人毛骨悚然。

《旧唐书》记载，唐玄宗天宝年间，范阳节度使安禄山兴兵作乱，自立为帝。他身边有个亲随叫李猪儿。李猪儿原本是契丹人，为人聪慧，很是乖巧，10多岁就跟随安禄山身边。安禄山非常喜欢他，为了能让李猪儿长期待在身边伺候，安禄山亲自动手，将少不更事的李猪儿阉割。我们推测，当时，这李猪儿肯定是被绑在凳子上，或者是两个彪形大汉把他强行按着，安禄山手持利刃，一刀下去就将李猪儿的生殖器官完全切除了。因为创口很大，血流如注。史书记载，“流血数升”，可见血流之多。这样大量出血再加剧痛，李猪儿当时就昏死过去了。安禄山先用火将创面烧灼止血，又用灰敷在创口上。一天之后，李猪儿才苏醒过来。火烧创面，用灰止血，这就是当时疗伤止血的办法。

所以在医疗卫生条件非常落后的两千年前，不管是不是有了一定的阉割技术，受刑的人也是在鬼门关里走一遭。熬过受刑和养伤这一关，痛苦才刚刚开始。根据现代医学的研究，男性幼年被阉会阻断某些第二性征的出现；成年被阉，男性所有依附于性器官的功能会因之自然退化。比如，宦官一般不会长胡须，长相也越来越女性化，因为正常的泌尿系统遭到破坏，很多宦官会不由自主地尿裤子，身上就会有股尿骚味。生理上的摧残不说，心理上承受的痛苦更大。其实宫刑可以理解为另外一种形式的灭族，在中国传统宗法观念和伦理观念的影响下，宫刑被视作上辱祖先下绝后代的刑罚。

身体的残缺和精神的折磨会让人心理发生变化，身受屈辱之刑，又进宫为奴，强烈的自卑感和报复心理肯定是存在的，所以一旦有机会，比如说手握大权，这些累积在心里的情绪肯定会发泄出来。我们还说这个李猪儿，安禄山最后被刺身亡，就是死在李猪儿之手。安史之乱后期，安禄山因病性格变得乖戾、暴虐，经常无缘无故地诛杀或者责打下属。他的手下密谋刺杀他，其中就有安禄山最信任的李猪儿。当时，安禄山正在睡觉，有几个人提着刀就悄悄进去了。领头的就是这个李猪儿，他手持大刀来到安禄山的床前，狠命砍向安禄山，疼得安禄山嗷嗷乱叫，满床翻滚。李猪儿并不罢手，还是狠命地砍杀，直到把安禄山开膛破肚才停下。史书记载，当时安禄山是“腹肠已数斗流在床上”。可是够血腥的！这李猪儿怎么就这么狠呢？那是因为安禄山剥夺了他做正常男人的权利和尊严，他在心底里肯定是恨死他了，这次终于让他逮着机会，哪儿会这么轻易放过他啊，多少年的怨恨都积聚在这一刀又一刀砍杀上了。报复心理是宦官的一个明显特征，他们有着主宰别人并让别人经受报复的欲望。所以历史上很多宦官的所作所为近于胡闹，令人不可理解，其实是他们被内心深处一种复杂的报复心理驱使的结果。

也是因为这种复杂的报复心理，在西汉和匈奴的问题上，一个宦官居然让西汉吃了大亏。这又是怎么回事呢？西汉初期，因为无力抵抗匈奴的抢掠、骚扰，只好采取和亲政策以换取和平。和亲就是汉朝将公主嫁给匈奴单于。公主远嫁可不是一个人，而是有随行的奴仆侍从。汉文帝时期，一个名叫中行说（中航越）的宦官被选定陪公主到匈奴和亲，但是他死活不想去。当时，和亲的公主都不能说想去就去，不想去就不去，何况你一个宦官呢？中行说最后还是被迫去了匈奴。临行前，他撂下了狠话：“必我行也，为汉患者！”你们一定要让我去的话，那我就会成为你们的心腹大患！果然，中行说说到做到，他一到匈奴就将汉军布防情况全部透露给单于，使匈奴骑兵趁机在防守薄弱的地方劫掠。最严重的一次，匈奴骑兵居然打到了现在的陕西凤翔、淳化一带，眼看就快杀到长安城了。

中行说为什么这样疯狂地报复自己的祖国呢？估计一切都源自于他心底的怨念。首先被阉割就已经是断子绝孙了，但不管怎样他还在皇帝身边工作，凭着自己的才干也许能再走出一条路，可陪着公主去荒蛮之地和亲就跟发配也没什么两样，自己终究是个任人摆布的奴才而已。没有家，没有国，中行说一定觉得自己被彻底抛弃了，所以他的报复疯狂而无所顾忌。

当然中行说和李猪儿都是个例，他们掌控权力的时候，压抑已久的怨愤会来个大爆发，不但打压一部分人，还要分享皇权、危及皇权。这些经受了身心摧残的人既是宦官制度的受害者，最后也成了害人者。历朝历代都有宦官干政、乱政的例子。比如秦的赵高、东汉的“五侯”和张让、明朝的魏忠贤和刘瑾。如果从人性的角度去分析他们的所作所为，也就不难理解他们为什么会做出那些疯狂而有悖常理的事情了。

汉文帝时期的宦官中行说还不能归于乱政的例子。纵观西汉历史，西汉一朝基本上没有任何宦官把持朝政的记载，但到了东汉，宦官就登上了政治舞台。东汉的灭亡与宦官乱政脱不了干系。前有赵高擅权亡秦，后有东汉的宦官乱政，为什么西汉的这两百多年如此消停呢？在抑制宦官权力这个问题上，西汉的统治者用了哪些招数呢？

史书中并没有多少关于西汉宦者的记载，这也从侧面说明西汉宦者的地位是非常低的，不但地位较低，而且西汉几位统治者和大臣们对宦者的态度也很能说明问题。

据史书记载，刘邦晚年患病，在后宫静养，专门交代侍卫不许大臣进来烦他。大臣们没人敢违抗皇帝的旨意，但时间久了一大堆事情等着皇帝来处理，不见又不行。这个时候，樊哙带着一干大臣就强行闯进了刘邦的寝宫。这时刘邦正枕着一个宦者在睡觉，樊哙对高祖说：“陛下病重，大臣们很担心，你不和我们商量后事，难道打算只和一个宦者诀别吗？”这句话似乎一下子就刺痛了刘邦的神经。他马上起床离开宦者，走出深宫，处理政务。那么是什么触动了刘邦的神经呢？

西汉王朝夺取的是秦的天下。秦为什么会灭亡呢？除了它推行严刑峻法、横征暴敛的暴政之外，还有一个直接的导火索，那就是大宦官赵高专权，作威作福，残害忠良。正因为赵高一手将秦的朝政搅成了一锅粥，搞得内忧外患，民怨沸腾，百姓实在忍无可忍，纷纷揭竿而起，刘邦这才趁乱逐鹿中原，最后夺得江山。所以对于宦官，刘邦应该是非常警惕的，而且在抑制宦官靠近权力中心这个问题上，大臣们似乎比皇上的警惕性还高。

汉文帝也有一个很宠爱的宦者叫赵谈。有一次他外出让赵谈驾车，大臣袁盎当时就拦在车前进谏说："我听说与天子共车的人都是天下豪杰，现在汉朝虽然缺乏人才，陛下难道非得和一个刀锯之余同乘一辆车吗？"汉文帝笑了，赵谈却哭了。因为汉文帝当即就让赵谈下车，把他赶一边儿去了。

这两个故事说明，西汉前期的君臣都时刻保持对宦者的警惕，只要皇帝稍有亲信宦者的倾向，大臣们就会站出来公开提醒；而皇帝也能采纳，所以西汉时期宦者难以插足政务，他们的身份就是宫廷仆役。但是到了东汉的时候，情况发生了巨大变化。东汉不但成为中国宦官制度的一个分水岭，更上演了一出外戚和宦官轮番坐庄把持朝政的闹剧。那么，两汉的宦官制度到底有何不同呢？为什么在宦官干政这个问题上西汉相对风平浪静，东汉则折腾不停呢？

为了解决这些问题，我们还得从汉景帝阳陵的考古发现来寻找答案。

我们前边讲到，在阳陵的第17号外藏坑里边，我们发现了"宦者丞印"。据此推断，这座外藏坑应该象征着在阴间为汉景帝和后宫服务的宦者署，也就是管理宦官的机构。但问题是，这座坑里边出土了10多件裸俑，宦者俑却只有3件，剩下的全是正常的男性俑，这是怎么回事呢？宦者署里怎么可能会有正常的男人呢？难道西汉宫廷里有正常男人出入？

我们查阅史书，在《后汉书》里找到这样一段记载：

中兴之初，宦者悉用阉人，不复杂调他士。

这句话怎么解释呢？“中兴”是指的光武帝刘秀从王莽手里夺取天下，恢复汉王朝，也就是我们平常讲的东汉。就是说，东汉建立以后，宦者署全部用的是阉人，不再有其他人员。这个话要反过来理解，就是说西汉的时候宦者署中还有正常男人。另外，我们在查阅西汉有关的资料时，发现了一个奇怪的现象，就是有很多不是宦官的外朝大臣也可以出入宫廷，陪侍皇帝，而不是像后世一样只有宦官才可以进入内廷。

据《汉书》记载：汉景帝的时候，郎中令周仁“入卧内。于后宫秘戏，仁常在旁……”周仁能够进入皇帝内廷，而且在汉景帝与嫔妃“秘戏”的时候，周仁也经常在跟前，这可是与嫔妃近距离接触了。

汉景帝只是允许个别大臣进入宫廷，汉武帝则更是引领众多臣僚、士人进入宫廷，为什么呢？因为他要削弱丞相的权力，所以采取建立“中朝”的举措。其实就是在自己身边聚拢一批人才，形成智囊团，使自己成为实际的决策者；这样一来，丞相领导的官僚机构就沦为执行机关了。因为皇帝平常都待在宫里，为了方便智囊团进出宫廷方便，就设立了侍中、中常侍等官职。“中”其实指的就是皇帝的内廷。因此，皇帝和他的智囊团被称为“中朝”，而丞相系统的官僚机构则称为“外朝”。那些有了侍中、中常侍这个荣誉性官职的人员，就能进入内廷侍奉皇帝，以备议事。

从这些情况来看，西汉王朝还没有建立起严格的宦官制度。当时，在内廷陪侍皇帝左右的并非全部为宦者。正是因为西汉王朝这种士人与宦者并用的制度，消弭了宦官势力的增长，从而避免了像东汉王朝那样被宦官专权的黑暗政治局面。

从西汉建立一直到汉景帝时期，宦者的地位一般比较低，人数也不是很多。但是，到了汉武帝时期，宫殿的数量和规模大大增加，嫔妃宫女也随之增多，导致宦者人数剧增。他们的地位和身份也出现了明显的变化。特别是由于“中朝”的形成，宦者开始参与朝廷政务，例如，司马迁被处宫刑以后，就升任中书令（就是皇帝的宫廷秘书长）。因此，这一时期的上层宦者有了朝廷官员的身份，可以被称为“宦官”了。西汉后期，汉元帝体弱多病，不好政务，委政于当时的中书令宦官石显等人。石显借机专权。所幸这种情况为时不长，元帝死后，继位的汉成帝很快就罢免了石显并下诏“罢中书宦官”，彻底取消了宦官典领尚书的制度。此后，直至西汉消亡，宦官势力再未兴起。

整个西汉一朝虽然出现过个别权势显赫的宦官，但影响有限。可到了东汉时期，情况却出现了180度的大逆转，宦官不但乱政，甚至还出现了宦官与外戚轮流把持朝政的局面，东汉的宦官制度到底发生了什么样的改变？这种改变最终又给东汉的政局带来怎样的恶果？

我们前面讲到，东汉建立以后，宫廷杂役全部用宦者，不许正常男人再进入内廷。《后汉书》记载：

案汉故事，中常侍参选士人。建武以后，乃悉用宦者。

建武是汉光武帝刘秀的年号。这句就是说，在西汉的时候，像中常侍这样能够进入内廷的官员也用一般的官吏，不一定非得是宦官，但东汉以后，就全部用宦官了。这种内廷用人制度的变化，势必导致宦官机构的扩大和人数的增长，为宦官势力的膨胀提供了条件。另外，也阻断了君主与士人之间联系的一条途径。

东汉是中国古代宦官制度的一个转折点，宦官制度日趋完备。其实，这种使用阉人服务帝王宫廷的宦官制度并不是中国的专利，像古代希腊、罗马、埃及、土耳其、朝鲜等国，也都曾经有过宦官制度。但就宦官数量之多、持续时间之长、制度之完备而言，中国古代的宦官制度则是绝无仅有的。这个制度正是从东汉开始逐渐走向完备，在这个过程中，也上演了一场宦官与外戚轮流坐庄，把持朝政，相互绞杀的政治闹剧。

东汉前期，由于皇帝的英明，尽管宦官制度发生了很大变化，也并没有给朝政造成大的干扰，但是，到了东汉中期，情况就不同了。因为东汉是建立在豪强地主势力之上的封建政权，所以，为了保护既得利益，豪强地主集团总想控制政权。当时，皇帝的后妃大多来自世家大族，外戚实际上就是豪强地主政治势力的代表，外戚专权反映了他们保护自身利益的政治诉求。但被架空的皇帝又不甘大权旁落，落得任人摆布的命运。为了争夺政权，皇帝便依靠平日朝夕相处、最为信赖的宦官势力去铲除外戚。

那么外戚是怎么获得权力的呢？东汉中期以后，经常出现几岁甚至几个月的小皇帝。皇帝既然幼小，当母亲的皇太后自然成为实际权力的把控者。那个时候，已经不许外臣进入内廷了，因此，皇后几乎没有接触过大臣和朝政。掌握了全国的最高权力后，她必须在短时间内做出事关重大的政治裁决，而她根本没有心理准备。我们想象这个情形，如此重大的任务突然降临到一个弱女子的头上，她的感觉就好像赤身裸体忽然被抛到大街上一样恐慌而孤单，唯一可信赖能依靠的人不是朝中大臣，因为她根本不认识他们。她能靠谁呢？当然是她爹、她哥哥、她弟弟。她没有选择，只有这些人她才最信任。最终导致了外戚把持朝政的局面。

但是小皇帝终究要长大，要做个名副其实的皇帝，当然要把权力从别人手中夺回来，他靠谁呢？小皇帝生在深宫中，长于妇人之手，没有政治根基，要夺回政权就必须得到外力支持。当时，可供选择的有两种途径：一是跟朝臣结合，二是跟宦官结合。跟朝臣结合的可能性很小，因为皇帝与他们平常太过疏远，而且也不知道谁是外戚圈子里的人。唯一的办法就只有依靠身边的宦官了。皇帝依靠宦官铲除外戚，夺回政权，便大肆封赏立功的宦官集团。这个时候宦官又控制了皇帝，把持了朝政。

等依靠宦官夺取权力的皇帝一死，他的母亲太后掌权，又培植起了新的外戚势力。东汉的政治舞台又开始上演新一轮的政治角斗。宦官与外戚相互残杀，交替专权，构成了东汉中后期的一个重要的政治特征。东汉王朝就在这两股势力的剿杀中走向灭亡。

东汉以后，宦官干政愈演愈烈，而且各有特点。东汉是宦官控制朝政，唐朝后期则是宦官控制军权，明朝的宦官专权最为登峰造极，从中央到地方，军、政、刑、财、狱无所不包。单纯从制度层面来看，宦官制度是为了保障皇室血统纯正而建立起来的宫廷内侍制度，是君主专制制度的产物。但有时候宦官制度也会变成君主专制制度身上的蛆虫，威胁甚至动摇皇权的根基，就这一点来讲，宦官制度又是对君主专制制度的一个莫大的嘲讽！

阳陵17号外藏坑发现的宦者俑说明，汉景帝为他的地下王朝准备的非常周全。这些宦者是在宫廷里服务的，宫廷的主人除了皇帝，还有皇后和嫔妃。皇帝和皇后作为整个陵区的主人，分别葬在两个大圹丘下边，自然不用制作什么象征性的陶俑。那么，阳陵的外藏坑里会不会还有象征嫔妃的陶俑呢？这些陶俑又会是什么面貌呢？

（陕西省考古研究院　马永嬴）

粉彩女俑

阳陵是汉代第四位皇帝汉景帝刘启和他的皇后合葬的陵墓，陵中出土最多的就是陶俑，而其中的女俑，可以说是汉阳陵陶俑中最为精美的部分。它们虽然只有真人的三分之一大小，但是各式各样，造型生动。然而在众多肤色橙红的女俑中，有一类白里透红的粉彩俑却显得格外突出。汉景帝为什么要陪葬两种颜色的女俑呢？它们是否与后宫嫔妃有关呢？按照西汉的宫廷制度，在皇帝死后，后宫的嫔妃们最终又会有哪些归宿？

上文我们提到，在汉景帝陵的外藏坑里，除了有象征士卒、官吏的裸俑，甚至还有为宫廷服务的宦官陶俑，汉景帝实在是考虑得太周全了。既然宫廷的奴仆都有考虑，那么，作为宫廷主人的嫔妃是不是也会有相应的陶俑呢？我们前边讲到，阳陵的外藏坑中，除了发现有主管皇族事务的“宗正之印”，主管宦者的“宦者丞印”之外，还发现了“永巷丞印”［图1］“东织令印”［图2］，这又是些什么官署机构？它们又具体主管哪些业务呢？

图1　永巷丞印

图2　东织令印

根据史书记载，“永巷”和“东织”都是皇帝的大总管少府下属的官署机构。我们先来看看永巷。永巷的长官称为“永巷令”，阳陵外藏坑出土的这枚永巷丞印是它的副职的官印。汉武帝的时候，永巷改名为“掖庭”。那么，这个官署机构主要是干什么的呢？史书记载，汉元帝的王皇后，还有和亲匈奴的王昭君都曾经在掖庭住过。西汉末代，汉平帝的时候，权臣王莽曾经上奏说：

皇帝即位三年，长秋宫未建，掖庭媵未充。

意思就是说，汉平帝还没有册立皇后，掖庭也没有嫔妃填充。可见这个永巷或者掖庭就是嫔妃的公寓区。永巷令、永巷丞则是管理这个公寓区的长官。另外，史书还记载，汉高祖死后，吕后当权，她残酷迫害曾经与她争宠的戚夫人，把她关进永巷的监狱，让她穿着囚服，舂米做苦役。这说明，永巷里边还有监狱，犯错的嫔妃会被关在那儿，这其实就相当于我们在历史剧里看到的“冷宫”。

是公寓也好，冷宫也罢。既然汉景帝在地下设置了永巷这个机构，那总该有相应的“人”吧？

这个问题得靠我们的考古发掘来回答。但您得耐心等一会儿，因为只有清理到外藏坑的底部，才会有结果。

我们再来看看“东织令印”。我们上边说了，东织也是皇帝的大总管少府手下的职能机构，它其实就是设在宫廷里边的纺织作坊，西汉中前期分为东织、西织两个部门，汉成帝的时候合并为织室。这里也存在“人”的问题，既然汉景帝在地下搭了这个“舞台”，那总该有相应的“演员”吧？

有！当我们耐心仔细地清理到外藏坑的底部的时候，这些坑里的“人”终于露出了庐山真面目。

在发现“永巷丞印”第 18 号外藏坑里，清理出了 100 多件裸俑，其中男俑 30 多件、宦者俑近 50 件、女俑 20 多件。出土“东织令印”的第 21 号坑也发现了大量裸俑，男俑有 40 多件、宦者俑 6 件、女俑 30 多件。

我们仔细观察这两座坑里边出土的裸俑，那些男俑、宦者俑与我们以前介绍的差不多，没什么特别的，就是这些女俑却有明显差异。她们虽然面容姣好，五官端庄，体形窈窕，但肤色却黑白分明。黑的是大部分，通体橙红，是阳陵裸俑的大众色；白的只是少数，肤色是白里透红的粉彩，两相对比，很明显粉彩的比橙红的女俑要漂亮得多［图 3］。这是我们今天的审美眼光，那么，两千年前的汉代人又是怎么看的呢？他们又有什么样的审美标准呢？

汉代大美女赵飞燕就是因为体态轻盈而深受汉成帝的宠爱，贵倾汉宫。著名的汉代乐府诗《孔雀东南飞》也说道：

东家有贤女，窈窕艳城郭。

图 3　粉彩女俑出土现场

可见当时的美女首先得身材好。窈窕可不是仅仅指体形瘦削，像现代的所谓骨感美人。这个词的含义按当时的理解是“弱骨丰肌”，就是骨架小而身体丰满，这样才会显得既苗条又有女人的风韵。

《西京杂记》记载，汉武帝时期的才子司马相如就是被卓文君的美貌吸引，而与其私奔的。卓文君美到什么程度？说是：

文君姣好，眉色如望远山，脸际常若芙蓉，肌肤柔滑如脂。

卓文君的眉毛就像远处的一抹山脊，脸色就像芙蓉一样白里透红，肌肤更是细腻光滑，像油脂一样白皙。汉诗里边也有“燕赵多佳人，美者颜如玉”的诗句。曹植的《美女篇》描写一位采桑的美丽姑娘，说是：

攘袖见素手，皓腕约金环。

颜如玉、素手、皓腕都表明，当时的女人以皮肤白皙为美。

这些都说明汉景帝外藏坑里发现的这些粉彩女俑［图 4］确实符合西汉当时美女的标准，可问题是，汉景帝给他陪葬这些“美女”有什么用意呢？美丽的粉彩女俑和那些普通的女俑在身份上又有哪些不同呢？既然这些外藏坑都与宫廷有关，那么，这些粉彩女俑会不会是皇后和嫔妃呢？

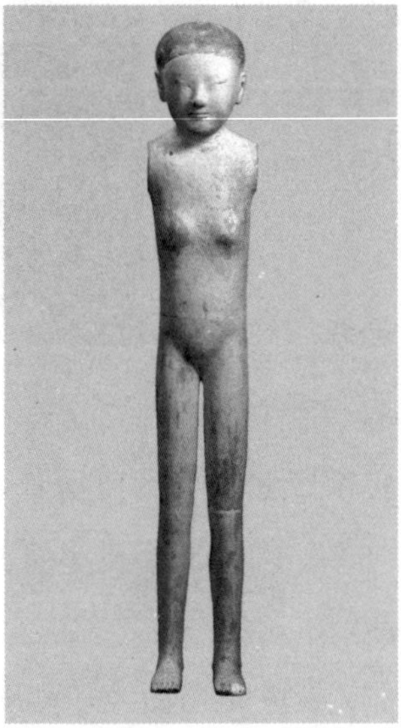

图 4　粉彩女俑

要回答这些问题，得先来看看当时的皇后、嫔妃究竟是个什么形象？西汉给皇帝选择配偶又有哪些要求？

《汉书》记载，汉平帝打算选择安汉公王莽的女儿为后，太后先期派遣相关的官员到王莽府第面试，他们回来后上奏说：

公女渐渍德化，有窈窕之容，宜承天序，奉祭祀。

安汉公的女儿不但品德高洁，而且身材窈窕，面容姣好，很适宜做皇后。看来选择皇后除了品德好之外，还要长得漂亮。当时，给汉平帝选定了皇后之后，还选择了 11 位嫔妃。嫔妃也是皇帝的配偶，虽然地位比皇后低得多，但标准应该不会低多少，就是说，当时选择皇后、嫔妃都应该有姿色要求。

像这些粉彩女俑一样，面容姣好，“弱骨丰肌”“肌肤柔滑如脂”，应该就是汉代美女的标准，皇帝选择配偶在体貌上也会按这个标准来要求。因此，这些粉彩女俑的身份应该是皇帝地下世界的嫔妃。为什么只是嫔妃？皇后呢？皇后就在旁边葬着，因此，可能就没必要做个象征性的陶俑了。

我们上面讲了，永巷是嫔妃的公寓区，出土“永巷丞印”的外藏坑里边发现这种象征嫔妃的粉彩俑是很自然的事情，但问题是为什么象征皇家纺织厂的东织坑里边也有粉彩俑呢？

古代社会分工讲究“男耕女织”。织室里边应该绝大部分都是女人，但不会是一般的女人，肯定会有一些基本的要求。我们推测，首先你得技术过硬，因为毕竟是皇家的纺织厂，你技术不行肯定选不上。其次，你还得身材好、长得漂亮，你技术再好，如果黑、矬、胖、水桶腰、长得歪瓜裂枣肯定也不行，因为还有一个皇家脸面的问题，不能有碍观瞻。如果这样的话，这织室里边肯定是美女如云，再加上织室又在皇宫里边，离皇帝近，因此，这些纺纱女说不定那一天就时来运转了，一步登天做了皇帝的嫔妃。史书记载，汉文帝的母亲薄姬，就是汉高祖刘邦在视察织室的时候选中的。因此，这个织室还是皇帝的嫔妃后备处，这样一来，象征东织的第 21 号坑出土这种美丽的粉彩女俑也就顺理成章了。

这里还有个问题，既然阳陵的这两座外藏坑象征设在宫廷里边的永巷和东织，那么，怎么会陪葬男性陶俑呢？这个事情我们前边讲过，西汉没有严整的宦官制度，宫廷里边正常男人和宦者并用，因此，在汉景帝的阴间世界里也会有所反映。我们只要稍加注意，就会发现一个有趣的事情，永巷毕竟是嫔妃的居住区，因此，出土“永巷丞印”的第 18 号外藏坑陪葬的男俑就相对较少，大量的是宦者俑。而代表东织的第 21 号坑只是象征皇家的手工作坊，除了纺织，肯定还会有其他工作，这座坑就出土了“东织染官”的印章，可见它还有印染等一些又脏又累的活儿，这些纺纱女可不是一般人啊，她们都有可能成为皇帝的嫔妃，一个个金枝玉叶，纤纤玉手，怎么能让她们去干这些粗活呢？宦者呢，一方面是残废，力气有限；另一方面，当时的宦者主要来自罪人，来源受限，人数不多，皇帝重点防范的还是像永巷这样嫔妃居住的地方。因此，象征手工作坊的第21号坑里就只能陪葬大量的男俑，宦者俑则配备得很少。

西汉的宫廷里边除了皇后嫔妃，肯定还会有数量不少的宫女。这些宫女地位不低于我们前边讲的织室里边的纺纱女，她们也有可能是皇帝嫔妃的候选人。《汉书》就记载了这么一件事情。汉景帝有一次召妃子程姬侍夜，可是不凑巧，程姬身体不舒服，她又不想白白浪费了这次机会，于是她就赶忙把自己的贴身侍女唐姑娘好好打扮了一番，送到了皇帝的寝宫。事后，这位唐姑娘就由一名普通的宫女升格为嫔妃了。唐姑娘能“桃代李僵”，皇帝也欣然接受，可见她也是颇有姿色的。当时，宫女应该也有一定的标准。汉景帝的母亲窦太后与和亲匈奴的王昭君一开始都是以“良家子”的身份进宫的。既然宫女对出身有要求，那么，很可能对长相也有一定的要求。这样说来，宫女的体貌应该与嫔妃不会相差很大。那么，阳陵的外藏坑里为什么还要塑造两种女俑呢？究竟她们各自是什么身份呢？

其实，西汉的宫廷里边除了皇后、嫔妃、宫女之外，还有一群身份低贱的女人，她们被叫作宫婢，就是宫廷里的奴婢。《汉书》记载，汉武帝的太子刘据因遭奸臣诬陷，被灭满门，汉武帝的孙子刘病已（即刘询）才出生两个月，因为年幼躲过一死但被关进掖庭的监狱。主管官员丙吉因同情太子，就安排宫婢胡组、郭征卿等人喂养这个婴儿，这样刘病已才得以长大成人，后来继位成了汉宣帝。可见，当时宫廷里边还有身份低贱的奴婢，这些人只要品行好就行，相貌上可能不会有过高的要求。

这样看来，皇帝给他的地下王朝陪葬两种类型的女俑应该是有用意的，那些肤色粉白的女俑是当时的美女应该是象征嫔妃、宫女，而那些个肤色橙红的女俑虽然身材也还不错，可是肤色明显要黑得多，恐怕难以够上美女的标准，他们应当就是宫廷奴婢了。

汉景帝以美丽的粉彩女俑象征后宫的嫔妃，为他黑暗阴冷的地下王朝增添了一抹绚丽、温暖的色彩，那么，当时人世间那些真正的嫔妃的宫廷生活又是个什么景象呢？这些嫔妃在皇帝死后又将面临怎样的命运呢？

其实，那些真正的嫔妃有的就陪葬在汉景帝陵寝的旁边。阳陵北边不远处有两座相对较小的封土，据研究，这两座墓葬的主人就可能是汉景帝的嫔妃。关于嫔妃陪葬，在西汉是有规定的。要说这个规定，我们得先从当时的嫔妃制度说起。

西汉初年，后宫嫔妃没有等级制度，除了皇帝的正妻称为皇后之外，其他嫔妃都称夫人。合葬在汉景帝陵寝旁边的王皇后，在没有封后之前就称为王夫人。西汉前期，一直就沿用这一套。直到西汉后期，汉元帝的时候才形成了较完善的后妃制度。当时的后妃制度规定，皇帝的配偶一共有 14 个等级，第一等当然是皇后了，下来的嫔妃等级分为昭仪、婕妤、娙娥、傛华、美人、八子、充依、七子、良人、长使、少使，除此而外，地位较低的嫔妃还有五官、顺常、舞涓。

汉元帝将嫔妃等级制度建立起来了，那西汉的皇帝到底有多少嫔妃呢？

具体数字史书没有记载。我们从史书中其他的文献资料来看，汉元帝的大臣贡禹上书时提到，“高祖、孝文、孝景皇帝，循古节俭，宫女不过十余”，到了汉武帝时期才“多取好女至数千人，以填后宫”。贡禹的说法可能不是很可靠，因为他的本意是希望汉元帝学习汉初的几代明君勤于政务，而不要耽于酒色。因此，他可能有意将汉高祖、汉文帝、汉景帝的嫔妃说少了。但我们从中至少可以了解到西汉前期嫔妃的人数可能确实比较少，只是从汉武帝开始，嫔妃宫女才大量增加，以至达到数千人之多。

西汉的嫔妃活着分等级，死后葬地安排也是按等级制度的。《汉书》在介绍完西汉后宫嫔妃的等级之后，紧跟着记载道：“五官以下，葬司马门外”，这明显是对嫔妃的葬地安排。但“司马门”又是怎么回事呢？我们前面讲到，阳陵除了汉景帝的陵园和王皇后的陵园，还有南北区外藏坑，在这些重要的建筑之外，还有一个大陵园。司马门指的就是大陵园的门。我们可以这样理解，那些少使以上的高级嫔妃死后可以埋葬在大陵园里边，而五官以下级别较低的嫔妃只能葬在大陵园以外了。

西汉的嫔妃等级制度为什么那么晚才建立起来呢？这正说明当时的宫廷不是那么森严，后宫生活还有些民间气息，皇帝对嫔妃有情有义，不像后代，嫔妃纯粹就是皇帝的玩物。这一点，汉景帝就是一个典范。《汉书》记载了一个小故事，说是有一次景帝带贾夫人到上林苑游玩。贾夫人要上厕所，刚进去有一头野猪就跑了进去。汉景帝赶快示意一旁的随从大臣营救，大臣没反应。汉景帝急了，他自己拿着兵器就要冲进去救人，大臣怕汉景帝有危险，将他一把抱住不让他进去。这档口野猪自己跑了出来。汉景帝虽然没有实际施救，但他贵为君王，不顾个人安危，亲自仗剑救妃，可见其对贾夫人情义之深。

汉景帝的孙子汉昭帝死后，因没有子嗣，辅政大臣霍光等迎立刘询继位，这就是汉宣帝。汉宣帝当时已经娶了因罪被处宫刑并在宫廷做宦者的许广汉的女儿许平君。在汉宣帝之前，霍光等曾经迎立昌邑王刘贺当皇帝，但仅仅过了 27 天，霍光因为对刘贺不满，就将他废黜了。因此，有的大臣就建议汉宣帝为稳固地位抛弃贫贱时的妻子许平君，然后娶权臣霍光之女作为皇后。汉宣帝为表示自己绝不弃旧的心志，下诏寻找他在民间时所佩戴的旧剑。大臣们明白了他的心意，也就不再说什么了。汉宣帝不但不离婚，还很快就立许平君为皇后。汉宣帝贵为皇帝，即便考虑到政治前途也绝不用他自己的发妻做筹码，实在是难能可贵！

这是西汉皇帝对后妃的情意，那么，皇帝和这些嫔妃日常又是怎么生活的呢？《汉书》记载了汉成帝与他的赵昭仪拌嘴的一段，很有意思。

汉成帝是汉宣帝的孙子。他本来娶了许平君娘家的女儿为皇后，但后来他喜欢上了身体轻盈，善于跳舞的赵飞燕。于是就将许皇后废黜，封赵飞燕为皇后。赵飞燕把她的妹妹带进了宫里。汉成帝一见，喜欢得不得了，封她为昭仪（这是嫔妃的最高级别）。这姐妹俩就成了皇帝的专宠，汉成帝几乎都不碰其他嫔妃了。可是，专宠了10年，这姐妹俩却没有生出一儿半女来。因此，这姐俩对生孩子就很敏感。有一天，赵昭仪听说妃子许美人生了个儿子，就质问汉成帝："你经常说你在我姐姐那里，既然这样，这许美人的儿子是从哪儿来的？你该不是又想立许氏做皇后吧！"说完就大哭大闹，捶胸顿足，还用头撞门柱，从床上跳到地下打滚。她还一边撒泼一边冲着汉成帝吼叫："你现在怎么处置我，干脆让我回去算了！"末了，还以不吃不喝要挟汉成帝。汉成帝也很生气，回答说："我现在告诉你实情，你居然这个样子，真是不可理喻！"他也不吃不喝，跟她一起怄气。

这真是让人大跌眼镜！西汉的皇帝这么窝囊。一个嫔妃居然敢这样闹腾，这可是大不敬啊，搁到后世早被打入冷宫了！而汉成帝却只是陪着她绝食怄气，这让人难以理解！这也说明西汉的皇帝很有气度，把嫔妃真正当人来看待。他们之间还比较平等。正因如此，西汉的宫廷里边才有了一些人情味！

西汉的皇帝活着的时候，与嫔妃有情有义。宫廷生活很有民间气息。那么，皇帝死了以后，这些嫔妃怎么安排呢？

史书记载，那些生了儿子并且儿子被封王的嫔妃一般都会到儿子的封国去做王太后。汉景帝的程姬在汉景帝死后，就跟随被封为鲁王的大儿子刘余到鲁国做了王太后。汉元帝傅昭仪的儿子刘康被封定陶王，“元帝崩，傅昭仪随王归国，称定陶太后”。可见，在皇帝死后，这些嫔妃也都随儿子到了封国。因此，汉景帝的其他几位嫔妃应该也会到各自儿子的封国去做王太后。

这是生了儿子的嫔妃，那么，没有儿子的嫔妃怎么办呢？

她们在当时有三个出路：一是到先帝的陵园守陵，二是返回自己的老家，三是改嫁。汉成帝的班婕妤在汉成帝死后，就“充奉园陵”，为汉成帝守陵。西汉后期，大臣贡禹在给汉元帝上书时提到“杜陵宫人数百”。据此推测，西汉每个陵园守陵的宫女嫔妃大约有几百人。

不愿为先帝守陵的嫔妃，也可以出宫回娘家生活。汉景帝临终前下诏：“出宫人归其家，复终身。”就是让后宫的宫女嫔妃回家，而且终身免赋税。汉宣帝的戎婕妤因儿子幼年夭折，宣帝死后“归居外家戎氏”。即使选择为皇帝守陵，嫔妃也还有机会返回家乡。汉元帝的大臣贡禹上书，在提到皇帝死后让嫔妃守陵的时候，痛斥这种做法“大失礼，逆天心”，不但违背礼仪，而且也违背了上天的旨意，要求汉元帝下诏放她们全部回家。汉元帝信奉儒家思想，贡禹是当时的大儒，因此，汉元帝一即位就将年已 81 岁的贡禹召至朝廷，官拜谏大夫，就是专门给皇帝提意见的官，可见汉元帝非常看重他。因此，他的建议大多都得到汉元帝的肯定和遵从。估计像放归守陵嫔妃这种既人道又无关国家大局的建议，汉元帝很可能也会遵从。如果汉元帝的事情我们不能确定，那么，他的继任者汉成帝就很明确地下了一道诏令：“出杜陵诸未尝御者归家”，就是让在杜陵为汉宣帝守陵的嫔妃中没有侍夜的人回家。

其实，西汉的时候，不仅仅在皇帝死后，即便在皇帝活着的时候宫女嫔妃也有回家的机会。史书记载，汉武帝在他姐姐平阳公主家遇到卫子夫，一见钟情。可是等卫子夫进宫以后，因为后宫佳丽太多了，汉武帝兴头过了，就把卫子夫给忘了。就这样卫子夫在宫里边待了一年多，愣是没见过汉武帝的面。后来，汉武帝亲自挑选后宫里他不喜欢的嫔妃，遣返她们回家。卫子夫这才见上，她当时很伤心，哭着要求回去。汉武帝这才想起来当年还带回来过这么个美人，于是卫子夫就时来运转了，最后当了皇后。从卫子夫的这个事我们可以看到，西汉后宫的嫔妃一直都有回家的机会。

皇帝死后，宫女嫔妃不但能返回老家，还有可能改嫁。汉文帝的时候，曾经“出孝惠皇帝后宫美人，令得嫁”。汉平帝死后，“其出媵妾，皆归家得嫁”。可见，从西汉初年到西汉末年，在皇帝死后，这些嫔妃宫女都可以回家再嫁。

总体来讲，西汉皇帝的嫔妃在皇帝死后的出路还比较人道。我们说它比较人道是相对于其他朝代而言，因为在西汉王朝的前后，很多朝代都是让嫔妃给先帝殉葬。

活人殉葬，商、周时代就很盛行。那些王死了之后把生前享用的一切，包括自己的姬妾都送到坟墓中去。考古工作者从已经发掘的古墓中发现，殷墟侯家庄商王大墓有164具殉葬者的骸骨。

秦始皇死后，秦二世下令：后宫嫔妃，未生子者，全部殉葬！

西汉以后，不再有大规模的嫔妃殉葬。但到了明朝，嫔妃殉葬又死灰复燃甚至成为制度。明朝这一残忍的殉葬制度直到1465年明英宗的时候才得以废除。清代皇太极、顺治那时仍存在嫔妃殉葬的情况，康熙的时候才结束了这个野蛮的制度。

除了殉葬，其他朝代也出现过嫔妃守陵的制度。《后汉书》记载，东汉皇帝驾崩，“诸园贵人”即随“大行皇帝”灵柩迁徙陵园。所谓“诸园贵人”就是没有生养儿子、按规定去给皇帝守陵的嫔妃。在唐代，被安排守陵的嫔妃也有很多，据宋代的学者讲：唐制中规定，“凡诸帝升遐，宫人无子者悉遣诣山陵供奉朝夕，具盥栉，治寝枕，事死如事生。”就是说唐代的制度规定：皇帝死后，宫中没有儿子的嫔妃都要到陵园伺候皇帝，早上准备梳洗用品，晚上铺床备枕，跟皇帝活着的时候一样。

还有一种与守陵相近，但嫔妃不到陵园。比如，三国时期，曹操死前立下遗嘱，命令在他死后，将姬妾舞伎幽禁在铜雀台，并定期要对着他的坟墓歌舞。

清代规定，为先皇无子的嫔妃在皇宫或者行宫内建专门的院落，让她们集中居住，住处建有佛堂，供其礼拜。这些嫔妃有些可能只有20岁左右，但是也只能在青灯古佛前熬尽自己的一生。这种方式禁锢了嫔妃的自由，我们称为幽禁。守陵或幽禁看似比殉葬人道，但其实她们过的是一种生不如死的生活。

唐代诗人白居易写过一首《陵园妾》：

山宫一闭无开日，未死此身不令出。

唐末学者罗隐的《铜雀台》更是字字血、声声泪，道出了这些失去自由的嫔妃的凄惨生活。他写道：

只合当年伴君死，免教憔悴望西陵。

哪怕当时为君殉葬都比这种没有人身自由，陵墓伴老，憔悴而死的守陵命运要好！

因此，相比较而言，西汉时嫔妃在皇帝死后除了守陵，还可以回家，甚至改嫁。这种安排是非常人道的，因此，我们可以说西汉的后宫制度相对还比较人性化，皇帝根本不在乎自己的嫔妃改嫁成为别人的妻子。从宫廷生活我们能够看出来，当时的皇帝有一种恢宏的气度，这应该也是西汉王朝创造了中国封建社会第一个盛世的原因之一吧！

（陕西省考古研究院　马永嬴）

雄壮昭陵

从西安出发，沿着西兰公路向西行驶40公里，有一道横亘东西的山脉，山峦起伏，与关中平原南部的秦岭山脉遥相对峙。在礼泉县境内，这道山脉突兀而起形成一座山峰，它的周围均匀地分布着九道山梁，把它高高拱举。古人把小的山梁称为“嵕”，它因而得名“九嵕山”。在这座山上，长眠着一位中国古代帝王，他就是鼎鼎大名的唐太宗，他的陵园被称为昭陵。

唐代是我国封建社会的鼎盛时期，历时 289 年，一共有 21 位皇帝。在这 21 位皇帝中，除了第 20 位皇帝唐昭宗李晔埋在河南偃师、第 21 位皇帝唐哀帝李柷，埋在山东的菏泽以外，剩下的 19 位皇帝全部埋在陕西关中，号称“关中十八陵”。

19 个皇帝，怎么只有 18 座陵呢？那就是因为乾陵是唐高宗李治和武则天的合葬墓。

那么，这 18 座陵是如何分布的呢？它们一共分布在关中的 6 个县区，从西到东，乾县 2 座、礼泉 2 座、泾阳 2 座、三原 3 座、富平 5 座、蒲城 4 座。最西端的是乾陵，最东端的是唐玄宗的泰陵。

在这 18 座陵里面，除了开国皇帝高祖李渊献陵、第 14 位皇帝敬宗李湛庄陵、第 16 位皇帝唐武宗李炎端陵、第 19 位皇帝唐僖宗李儇靖陵为“堆土为陵”以外，剩下的 14 座陵都是“因山为陵”。而昭陵不仅是唐代帝王陵墓“因山为陵”的开始，而且它也是十八陵中规模最大的一座帝王陵。

那么，昭陵为什么会是唐代关中十八陵中最大的呢？

第一，因为昭陵所在的九嵕山，山峰高、山形大，山势雄伟，更重要的是，因为它有庞大的陪葬陵园。昭陵的整个陵园占地面积 30 万亩，东西 11 公里，南北 12 公里，有陪葬墓 190 余座，陪葬人物将近 300 人，因为许多墓葬都是夫妇合葬的。

昭陵陵园的设计独特，陵山的南面，是它的陪葬区。陪葬墓以昭陵为轴心，呈折扇形分布在它的西南、正南、东南面。而陵山的背后则是唐太宗在战争年代，乘骑过的六匹战马“昭陵六骏”的浮雕，以及他擒服或归顺的 14 个少数民族首领的石像。于是昭陵就形成了一个前呼后拥的格局，如此设计的帝王陵园，可谓是独具匠心、别具一格。

九嵕山从不同的方位看，是不同形状的。从泾阳、三原一带看，九嵕山像个笔架，所以当地人把它叫笔架山。而从九嵕山的背后看昭陵，它仿佛是一只卧虎，头朝东尾朝西，所以当地人把这里叫作“藏龙卧虎之地”。

唐昭陵自贞观十年首葬长孙皇后开始，到贞观二十三年唐太宗去世葬昭陵，一共历时 13 年之久。《唐会要》是这样记载的，昭陵玄宫凿造在九嵕山主峰南坡的半山腰“深七十五丈为玄宫”①（清代书籍为了避康熙皇帝玄烨名讳，改“玄”为“元”），“玄（元）宫”就是地宫。

> 缘山傍岩，架梁为栈道，悬绝百仞，绕山二百三十步，始达玄宫门。顶上亦起游殿。文德皇后即玄宫后，有五重石门。其门外于双栈道上起舍，宫人供养如平常。②

就是说由于昭陵比较陡峭，所以到玄宫去，必须架起栈道，而在栈道上还要盖房舍，因为有时候要防雨。

昭陵陵山周围，原来有多处巨大的建筑。南面有献殿，这里是朝拜祭献的地方。这个地方曾经出土了一个鸱尾，它高达 1.5 米，重 300 斤。通过这个鸱尾的大小，我们可以想象，当年的建筑应该在 10 米以上才符合这个鸱尾的高度，可见当年这个建筑的宏伟。

西南方向有寝宫，这里是供宫女、部队住的地方。在德宗时期，有一个记录说昭陵修葺了寝宫，一共 378 间。仅仅是修葺的就这么多，说明当年的数量比这个还要多。

陵山顶上有神游殿。这里是墓主人魂灵游乐的地方。因地宫的山

---

①② （宋）王溥著：《唐会要校证》，牛继清校证，三秦出版社 2012 年版，第 337 页。

势比较陡峭，要想到达墓道口，那是非常不方便的，必须架栈道（就像楼梯一样）。所以当年从建昭陵开始，就沿着山体的南面修了400多米长的栈道。虽然唐太宗去世了；宫女们平时是“供养如平常”，还要像平常一样通过栈道早晚去供养他、供奉他。那么后来，到了高宗李治的时候，设计昭陵的那个人叫阎立德，就是阎立本他哥。他告诉高宗李治说：“为了将来，为了防盗，我们还是把这栈道拆除吧。”高宗李治当时还不同意，他说这样的太平盛世有什么防盗的必要呢？后来，在很多的大臣共同的建议下，高宗李治才勉强同意将栈道拆除了。所以昭陵的地宫从高宗李治的时候，就已经悬空了。所以杜甫在他的《重经昭陵》那首诗里边就提过“陵寝盘空曲”，他指的就是昭陵，昭陵的墓道口已经悬空了。

昭陵陵山的背后，唐朝叫北司马门或者北阙。这个地方是干什么的呢？这个地方当时是献俘的地方。打了胜仗了，把别的国家的国王擒了，要献到昭陵的这个地方。那么这个地方最重要的东西是什么呢？就是在它的第五台地。第五台地有七间长廊东西相对。这里面放着什么呢？它放着两组石刻。第一组是唐太宗生前骑过的六匹战马，就叫昭陵六骏［图1］。第二组石刻呢？就是唐太宗时期擒服或归顺的14个少数民族首领的石刻像［图2］，而且他们的像的底座上都有题名。这两组石刻不得了，为什么呢？因为它们是纪实、写实性的石雕作品。什么是纪实？纪实就是说这些马都有它的名字，都是真实存在的；这些蕃君长——少数民族首领都确有其人。它们是有情节内容和意味形式的。

那么唐太宗为什么把带箭受伤的马，放在他的陵墓背后呢？他的最高的追求是什么？我认为那就是“和平”。为什么呢？谁愿意让自己的马，心爱的宝马，被敌人的箭射死呢？这是一种伤痛。如何没有伤痛？那就是没有战争。

西侧长廊从南向北（自左向右）为：飒露紫、拳毛䯄、白蹄乌

东侧长廊从南向北（自右向左）为：什伐赤、特勤骠、青骓

图1　昭陵六骏

图2　昭陵十四蕃君石像及西侧题名像座（局部）

那么这两组石刻的排列又是怎样的呢？

七间长廊里，南边的四间放蕃君长，一边是七个人。南三间每间里边两个人，第四间是一个人。西边所有的人朝东看，东边的所有的人朝西看。这表示了一种理念，不论你们的国家大小、民族人数多少，你们都是平等的。这里面有唐太宗时期擒俘的，也有归顺的。不管你是擒俘的，还是归顺的，让后人去评说吧。而昭陵六骏是怎么排的呢？昭陵六骏在北边的三间，东西两侧每间各放一匹马，而且所有的马头，

是朝向他的墓主人，朝向南方，朝向太阳。

那么，唐太宗为什么会选九嵕山作为自己的陵墓呢？

我这样概括，在战争的年代，唐太宗曾经路过九嵕山，因为九嵕山很显眼，出了长安就能看到；战争结束以后，他又经常在这里狩猎，在这里留下了很多的传说。九嵕山是由九道山梁汇聚而成，仿佛是九龙聚首、九九归一。他对九嵕山情有独钟，他曾经这样说："我看九嵕山是'孤耸回绕（亦有写成"绝"），因而傍凿，可置山陵处，朕实有终焉之理'。"[①] 他说："我看这九嵕山这种气势太美了，它有一种壮志凌云的气势，我就想死了以后葬在这里。"它和他的这种壮志凌云的气势产生了共鸣。

但是这个时候，他并没有定九嵕山是自己的陵墓。那么他又是在什么时候？在什么样的情况下，确定了九嵕山作为自己的陵寝呢？那就是到了贞观十年，长孙皇后不行了，她告诉唐太宗："我要死了，对这个社会没用了，我希望你依山而葬，不起坟茔，不置棺椁。"唐太宗突然想起了他曾经对九嵕山的感情，于是他就决定把长孙皇后先埋在九嵕山，而且就从这个时候，他定名九嵕山为昭陵，同时也定它为自己的陵墓。

那么，我们从长孙皇后的这个遗愿看，似乎因山为陵是长孙皇后提出来的，实际上不然。因为唐太宗早对九嵕山有感情，他甚至可能在长孙皇后生前，就谈论过百年之后的归宿之地。那么后来长孙皇后去世了，唐太宗写了一篇《昭陵刻石文》，也就是《长孙皇后碑》，这是唐太宗亲自为长孙皇后写的碑文，是欧阳询的书法。这个碑文里面说了：

① （宋）王溥著：《唐会要》（卷二十），上海古籍出版社 2006 年版，第 457 页；（宋）王溥著：《唐会要校证》，牛继清校证，三秦出版社 2012 年版，第 336 页。

皇后节俭，遗言薄葬，以为“盗贼之心，止求珍货，既无珍货，复何所求。”朕之本志，亦复如此……（《资治通鉴·唐记》卷一九四）

“盗贼之心，止求珍货。”这句是说：“盗贼就是要珍宝的。我既然不埋珍宝了，他就没有想法了。”那么“朕之本志，亦复如此”，这句是说：“这也本来是我的意思。”就是说，这个想法是唐太宗和长孙皇后共同的意愿，最后由于长孙皇后先死，所以他就提出了曾经的这个想法。

那么因山为陵的制度，又是如何创立的呢？

按照《昭陵刻石文》和《九嵕山卜陵诏》的说法，是为了节俭、为了防盗。但是节俭和防盗，那仅仅是选择帝王陵墓的一个必要条件的附加条件，因为古代的堪舆学家，对帝王陵墓选择，他有四个条件：

第一，需要地势高险。我们从古代风水的角度来看昭陵，它选择在了一个高险的地方，高险的地方能突出帝王的至高无上的皇权，同时还可以免于水的浸泡。

第二，山后有崇山峻岭，背靠大山，有稳固牢靠之意。另外山的后边还有水，取意“用之不竭”，又可谓是一道天然的屏障。

第三，陵山的前面及东西还有低矮的群山。这对昭陵——九嵕山起到一个衬托、烘托的作用。像过去我们一些深宅大院，它一定要有一个照壁，前面小的群山就好比昭陵的一个照壁。

第四，陵山的前面还要有水。九嵕山的前面，有一条泔河，它自西向东流入了泾河。而在泔河的南岸望九嵕山的时候，我们可以看到昭陵仿佛在水上漂着。所以有一个诗人，他写了一首诗说：“行人欲问昭陵迹，尽在岚浮翠涌中。”① “岚”是什么呢？“岚”就是在一个

① （清）张鹏翮著：《九嵕山》，《民国·续修醴泉县志稿》，曹骥观编纂，礼泉县地方志办公室校注，三秦出版社 2011 年版，第 424 页。

山坡的地方三面有水，仿佛在水上漂着，这样一种感觉。

那么从以上的这些条件来衡量，我们发现九嵕山符合古代堪舆学家所提到的选择陵墓的所有的条件。那么为什么唐以前的帝王没有选择九嵕山作为他们的陵墓呢？那是因为过去的皇帝，还没有把目光放在依“山”作为自己的陵墓这样一个观念上。我们知道，西汉的霸陵（依山为陵），它是偶然的。西汉的其他陵墓都是在渭北的高原平缓的地方，选择一些比较高险的地方，堆土为陵。他们在这里寻找风水宝地。

唐太宗为什么会选九嵕山作为自己的陵墓？有如下四个原因：

第一，因为九嵕山一带的这个地形，完全符合堪舆学家所讲的所有的条件。

第二，咸阳塬上比较好的风水，已经被前朝的皇帝的陵墓所占领，在这里寻找陵地，难以凸显唐朝皇帝的与众不同。

第三，唐太宗认为，自己的文治武功，超过了前朝，所以他希望自己的陵墓高大雄伟，也一定要超过前代的皇帝。那么选择自然的山峰，作为陵墓是最佳的选择。

第四，古人认为尧帝的陵墓是依山为陵。唐太宗认为自己堪比尧帝，所以依山为陵也是仿照尧帝。

我们再来说一说，唐太宗选择九嵕山作为自己的陵墓的政治背景。

唐朝在开国之初，连年的战争，在武德时期，高祖李渊还很健康，根本考虑不到自己陵寝的制度。到了这个贞观年间，唐太宗执政了以后，他励精图治，创造了贞观之治这一辉煌的业绩。这个时候他还没有把心思放在帝王陵墓的制度上。我们从唐初的一些大臣死亡了以后，埋葬的位置就可以知道这一点。比如说，杜如晦，他死了以后，就埋在长安附近的少陵原。还有一些大臣就埋在长安，或者是他们自己的老家。所以在武德年间和贞观初年，唐朝的皇帝还没有考虑到帝王陵墓的制度问题。

直到贞观九年，高祖李渊的身体突然不行了，他就把唐太宗叫到跟前，给他这样说：

其服轻重，悉从汉制；园陵制度，务从简约。（《旧唐书·高祖本纪》卷一，本纪第一）

这句话的意思就是说，我死了以后，就按照汉代的陵墓制度，从简办理。所以听到这个话以后，唐太宗就没有跟大臣去商量，他自己就决定，将自己父亲的陵墓，按照汉刘邦长陵的制度，去营建。

山陵依汉长陵故事，务存隆厚。（《资治通鉴·唐记》卷一百九十四）

因为这一句话，秘书监虞世南有了两次上书，要求唐太宗从简办理丧事。虞世南的这两篇疏文，可以说是奠定了唐代依山为陵光辉制度的典范文献了。我们把他的观点总结一下，就是这样的，他说：

汉文帝霸陵，既因山势，虽不起坟，自然高显。……明器所须，皆以瓦木，合于礼文，不用金银铜铁……唯愿万岁之后，神道常安。（《旧唐书·虞世南传》卷七十二，列传第二十二）

他什么意思呢？他就说霸陵依自然的山峰，自然而高险，百年以后，墓道能够安然无恙，而且它里面不埋金银器，所以盗墓贼就不想了。进一步地向唐太宗建议要节俭。虞世南把自己的第一篇疏文，呈报给了唐太宗以后，唐太宗没有答复，说明他心里很矛盾。为父亲建造一个特别高大的陵墓显得奢侈，但是建造一个小的陵墓又心不甘，他处在一种矛盾中。

然后，虞世南又呈报了第二份上疏。内容是这样的：

汉家即位之初，便营陵墓，近者十余岁，远者五十年方

始成就。今以数月之间而造数十年之事，其于人力，亦已劳矣……（《旧唐书·虞世南传》卷七十二，列传第二十二）

说现在汉代的陵墓那么大，短的话需要五年、十年，长就需要五十年。而现在你要造那么大的坟墓，又在几个月之内，那是很难达到的呀。那么唐太宗心也不甘，就对中书侍郎岑文本说："我本来想一如遗诏，简约操办丧事，但作为儿子，又不忍心让陵寝过于简素。但是如果真的按照那个长陵规模，建成了高祖的陵寝，又害怕后来遭到盗墓贼的盗掘。"

从唐王朝为了高祖的陵园制度的规模问题上，我们可以看出，唐太宗心不甘，既不想大也不想小。那么如何来调节，如何来让他心理得到平衡？最后选择依山为陵，既节俭又雄伟，这正好符合了唐太宗内心的一种选择。所以我们说，通过虞世南这次关于陵寝制度的辩论，依山为陵作为唐代陵墓的一个制度、一个规范，从这里开始形成。

昭陵和秦汉帝陵又有什么不同呢？有以下四点不同：

第一，它开创了帝王陵墓依山为陵的制度。一改秦汉时期，建造巨大的封土，以堆土为陵的这样一种惯例。那么为啥要依山为陵呢？因为依山为陵既不占农田，又节俭，又雄伟高险。而堆土为陵，需要短则五年、十年，长则五十年，要浪费大量的土地、人力和物力，所以昭陵依山为陵更加节俭。

第二，唐太宗的丧葬观念有了巨大的改变。他更加节俭，更加关注民生，他不占农田，不浪费财力物力。他说：王者以天下为家，何必物在陵中？他更在意的是地上的石刻、建筑，而忽视或者是看淡地下的。比如说，秦始皇陵有巨大的兵马俑，汉景帝阳陵有 81 个丛葬坑，而昭陵没有。所以他这种观念是一个突破性的变化。唐太宗的思想里面还要求，陵中不藏金玉，人马器皿都用木瓦，都用陶器、木器代替。

第三，昭陵开创了帝王陵墓背后列置纪实、写实性石雕作品的先例。它的背后第五台地，列置着他生前骑过的六匹战马——昭陵六骏的浮雕，还有擒俘归顺的14个少数民族首领的石雕像。而且每个石像下都有题名。这些石雕都是纪实、写实的，它们是和唐太宗的一生息息相关的。而这一切，在其他的帝王陵墓中看不到。

虽然茂陵的陪葬墓霍去病墓前，有《马踏匈奴》等石雕群，但是那是用一种浪漫的形式，再现一个生活的场景。南北朝的帝王陵墓前，也有题记的石柱，也有一些带翅膀的瑞兽，但是这些石雕与墓主人本人，没有直接的联系。而“昭陵六骏”和“十四蕃君长”，是和唐太宗血肉相连、息息相关的，是他骑过的战马，是他征服的少数民族首领的形象，所以这就是与众不同。所以它具有纪念碑的意义，具有划时代的意义。

第四，就是说，昭陵和其他墓葬不同的是，唐太宗不忘功臣，允许功臣陪葬昭陵。他生前曾经三次下诏①，允许功臣及他们的子孙陪葬昭陵。这是对功臣的一种恩遇，这也是唐代皇室制度的一个重要的组成部分。这是一种笼络人心、以人为本的理念的表现。这些功臣享受国葬的礼遇。国办丧事，修建墓园，赐东园秘器，丧葬所需，都由官给。

昭陵的陪葬制度从贞观十一年首葬十四宰相温彦博开始，到开元二十六年迁葬李承乾墓基本结束，历时将近100多年，恰是唐代从贞观之治，到开元盛世的盛世百年。所以这里是从贞观之治走向开元盛世的历史见证。

---

① 分别见：a.《旧唐书》（卷三），本纪第三《唐太宗下》，中华书局1975年版，第47页；b.（宋）宋敏求编：《唐大诏令集》，商务印书馆1959年版，第346页、347页；c.（清）董诰等编：《全唐文》（卷八）“太宗赐功臣葬地诏条”，上海古籍出版社1993年版，第45页。

那么，昭陵的陪葬人物，除了皇亲国戚以外，更多的是文武大臣。比如说我们的贞观谏臣魏徵，门神秦琼和敬德，知名度很高的程咬金、房玄龄、李勣、李靖，都陪葬昭陵。还有少数民族的首领，阿史那思摩、阿史那社尔，这些外国人不仅在唐朝任职，最后死了还陪葬昭陵，说明唐朝是一片乐土，他们乐不思蜀。

目前我们证实的陪葬昭陵的人物有：二十四功臣中的18位，初唐宰相13位，三品丞郎53位，大将军64位，大唐的公主21位、王子7位、嫔妃11位。

昭陵的陪葬墓形制可以分为五种。那什么是形制呢？形制就是封土的造型。

那么，昭陵陪葬墓的五种形制里面，最高的就是依山为墓。就像魏徵墓、韦贵妃墓，它离昭陵最近，它就是由一座自然的山峰凿进去，有墓道，有墓室，这就是“因山为墓”。我们目前发现了两座。

第二种就是象山形的墓。象山形是什么？堆土像一座山，或者三座山。比如李勣的墓和李靖的墓，它们都是像三座山；象山形的还有像一座山的，比如说阿史那社尔、阿史那思摩墓，它们一个像白道山，一个像葱山。

第三种是覆斗形的。而且前后各有4个土阙，所以当地人把这种墓就叫“八抬轿”，就仿佛是8个人抬了个轿，这样的墓都是嫡出的公主墓。比如说昭陵陵山的东南方向的长乐公主墓，她的墓就是覆斗形，前后各有4个土阙，像“八抬轿”。而韦贵妃墓的东南方向的新城公主墓，新城公主是唐太宗最小的女儿，也是这种覆斗形八抬轿式的。

第四种是最普遍的，那就是圆锥形的。就像尉迟敬德、程咬金、房玄龄的墓，这些墓都是圆锥形的。这一种比较多。

第五种是没有封土的，那就是说不封不树（确切地讲叫“墓而不坟”)。这个典型的例子就是高士廉的墓。高士廉是谁呢？高士廉就是长孙皇后、长孙无忌的舅舅。他死了以后没有封土，他仅仅是在一个稍微高的地方立了一个墓碑，墓碑上面写的是茔兆记，等于用这个碑，标明这里有他的墓。这是无封土的。

在这个无封土的墓里边，我们还发现了很多的妃子墓，都没有封土。这些妃子墓在什么地方呢？就是在离昭陵陵山最近的地方，长乐公主墓、新城公主墓、韦贵妃墓的周围，这些人的墓没有封土。这些人是谁呢？她们就是跟唐太宗有过婚姻关系，但是没有子女的妃子。她们在唐太宗死了以后，就生活在昭陵西南方向的那个皇城，当地人叫皇城，实际上学术史叫寝宫的那个位置。她们死了以后，就地埋在昭陵的附近。

这就是昭陵陪葬墓的五种形制。

（昭陵博物馆　李浪涛）

桃花园里的罪恶

在陕西秦岭北麓，有一座历史文化名城——蓝田。古诗云“蓝田日暖玉生烟”，印证了蓝田是一个美景如诗、钟灵毓秀之地。北宋时期一个著名家族的墓地——吕氏家族墓地在蓝田的一片桃花园下，沉睡了千年。因为一次盗墓，吕家的传世珍宝被展示于世人面前，从而也引来了更多窥觑的目光，为了更好地保护国宝，不得不对吕氏墓葬进行抢救性挖掘。本篇将带您一起走进蓝田，探索吕氏家族墓地的秘密。

我要讲的事情发生在陕西省西安市以东30公里处的蓝田县县域内。蓝田是个著名的地方，不但因远古时期的“蓝田猿人”遗址而闻名中外，更有着壮丽的山川和丰富的物产。在蓝田县城西有一个村落叫五里头村，因距县城5里而得名。这里地处灞水开阔的冲积平原，与白鹿塬隔河遥遥相望，背倚着土层深厚的太尉塬，左有秦岭，右有骊山，山环水绕，这里是蓝田县不可多得的交通便利、土地平坦、人口密集的“白菜心”地区。

五里头村数百户人家就居住在灞河北岸至太尉塬顶的半原区上，周围分布着人们赖以生存的土地。这是个美丽的地方，有着翠绿的原野、嫣红的桃园，因距县城、省城都很近便，村中青壮年均赴外地打工，只留下老人妇孺经营农活、看护家园。每逢年节，外出打工人员方陆续返回村中与家人团聚。那时是五里头村一年里最热闹、最红火、最快乐的时候。

那是2005年的冬天，虽然离春节尚有些时日，村里一户姓吕的人家却迎来了一位贵客，这个人名叫吕富平，是家主的亲兄弟，据说早年外出做生意，现全家已定居西安，并将年迈的老父亲接去同住。既然这样，在这不年不节的时候他为什么突然回来？这让村里人很疑惑。但吕富平似乎非常坦然，住在哥嫂家里，每天吃饱喝足就是去村里、地里到处遛弯，时间一长，也没人再注意他了。日子过得飞快，眼看着春节一天天临近，这时候返回村中准备过节的人越来越多，吕富平也忙活起来，常与那些回来的哥们弟兄一齐喝酒吃饭，交往中不但谈笑风生，而且出手大方，为人仗义。村里人都说：“这娃到底去过西安这大地方，就是和咱乡里人不一样。”吕富平对这些话总是一笑了之。每到夜色降临，便早早回家关门睡觉，表面上日子过得安闲而规律。

因为平时大伙都出去打工，只有春节期间村里人都回来过年，这时村里最热闹，所以有些人家把娶媳妇、嫁姑娘这样的喜事也安排在这个时候，图个人气旺。这一天，村里有家人办喜事，依当地民俗，新媳妇娶进门要连办 3 天宴席，款待乡里乡亲。就在当晚的酒席宴上，大伙喝酒聊天，几杯酒下肚，陕西人的豪放劲儿就上来了，高喉咙大嗓子，再加上孩子们不停的鞭炮声，场面显得热闹红火、人声嘈杂。当酒至酣畅之际，一个有心人却悄悄站起，默不作声地快步离开，奔向月黑风高的茫茫田野。尽管细长的土路坎坷不平，尽管凛冽的寒气沁人心脾，却挡不住那人疾奔的脚步，这个离席的人是谁？为什么一去便再也没有回来？从此，这个神秘的人物在村里消失不见了，正是他的离去引发了一个令人震惊的文物大案；也正是他的离去，使一个深藏在黄土之下沉寂近一千年的古代府邸被迫打开了尘封已久的大门。

第二天，一个习惯早起的老人踏着晨霜走在田间小路上，突然路旁的桃树林中一堆零乱蓬松的枯草引起了他的注意，自己常在这条路上经过，怎么以前没看见这堆草呢？出于好奇，老汉走上前一把撩开草堆，眼前的景象让他瞪大了眼睛半天说不出话。他究竟看见了什么呢？原来那草堆下，隐藏着一个惊人的秘密！一个直径 60 厘米左右的土洞像一只怪兽张着深不见底的大嘴直对着他［图 1］。

老人惊出一身冷汗，连忙退几步才站稳脚跟，好一阵心中才平静下来，谁吃饱了撑的大冬天在野地里挖窟窿！又想了想，不对呀，这洞出现得好奇怪，一定有事。再仔细查看周围，忽然想起，这地方不是吕家的坟地吗？

说起蓝田吕家，话就长了，那可是这十里八乡人人皆知的名门大

图1 盗洞近景

户。在距今三千多年前，关中地区有一个著名的邦国叫“周”，后来周国在周文王治理下强胜起来并在周武王时期推翻了商纣王的统治而建立了周王朝，帮助文王、武王夺取天下的一个重要谋臣叫姜尚（字子牙）。据说在大禹治水期间，姜子牙先祖平水有功而授封于吕地。吕国位置在现河南卫辉一带，吕国所有国民均以国为姓，所以姜尚又名吕尚、吕望。后来在建立周政权中姜尚立有大功，因此周立朝之后便将地盘更大、人口更多的齐地划分给他做封地，位置在今天的山东省境内。姜太公带领族人赴齐任职时，愿追随者为姜姓，留在吕国继续生活的人仍然姓吕，并一直延续下来，所以吕国人皆奉姜太公为祖先。两千年后，西周时的吕国已改称汲郡，但吕姓人氏依然众多，他们集中定居在汲郡吕村一带。北宋中晚期，吕村有一个名叫吕蕡的中年人被朝廷派往陕西大荔一带为官，所做官职属州的下属机构签判厅的主官，从八品，相当于现在的副处级，负责总理文案，和现在的秘书工作性质基本相同。在此任上，吕蕡偶然途经蓝田，便一下被蓝田的山山水水所吸引，在给家人的信中写道：现他自己在陕为官，孩子们也在陕西求学，又在骊山西麓得到一块好墓地，所以决定将家由河南汲郡迁到陕西蓝田县城西北方的乔村，同时也将家族墓地迁到了骊山西源。

据当地人传说，风雅的读书人吕蕡曾在大雪天骑着毛驴从乔村庄园出发欲踏雪寻梅，一路边游边看，不觉地已西过灞水登上白鹿塬顶，放眼东眺，只见天地间大雪飞舞，银装素裹，唯有灞水北岸的白雪世界中一点碧绿格外抢眼，寒冬之中草木苍翠，茫茫大雪竟然落地即化、不能停留，再定睛观看，发现绿地两侧各有小河环抱，两水之间托起一片绿洲，形若二龙戏珠。看到此景，老先生大喜过望，骑驴赶回家中，立即将家人召集到厅堂宣布：我已找到一处吉地可为祖茔。这一吉地就是现五里头村北部的吕氏祖茔。

这个故事只是民间传说，实际上吕蕡于家书中提及的墓地位于骊山西麓的山间台塬上，是北宋时期蓝田吕氏入陕后的第一块祖茔。五里头村的吕氏祖茔是吕家的第二块祖茔地，发现并使用这块土地为吕氏祖茔地的人不是吕蕡，而是他的 4 个儿子。说到这 4 个儿子，那真是北宋时期关中地区响当当的人物，他们的名字就是现在仍被蓝田人传颂，他们就是吕大忠、吕大防、吕大钧和吕大临四兄弟。其中，吕大忠与吕大钧是金石学家，也是西安碑林的奠基人；吕大防是政治家，曾任宋哲宗时期权倾朝野的宰相；吕大临是著名的古器物学家，他所编纂的《考古图》流传至今，被誉为中国考古学的鼻祖。这 4 个人在蓝田居住期间为当地百姓做了许多好事，得到众乡里深深的敬重和爱戴，被后人誉为吕氏四贤。虽然一千年过去了，他们的名字、事迹却一直流传下来。据说，中华人民共和国成立前村村都有四贤庙，乡亲们敬他们如神灵一般。

所以提到蓝田吕氏，当地人都知道他们的府邸在乔村，墓地在五里头村。新中国成立后，吕氏墓地被定为县级文物保护重点单位。如今虽然历经“文化大革命”浩劫，坟茔碑刻早已被毁，但仍住在乔村的吕氏后裔每年初一还会到此地祭祖。

这一切对于祖辈世代定居在五里头村的这位老汉来说一清二楚。怎么突然间这块地上被打了洞呢？难道这洞是冲着吕家古墓来的吗？想到此处，老人立刻转身回村将发现的情况报告了当地文管部门。很快，三里镇文管所派员赶赴现场，确定为古墓盗洞并做了简单覆盖、处理后向县、市级文物部门报案存档。

事也凑巧，与此同时，另外一个人——陕西省西安市公安局刑侦局二处五大队大队长韩青龙得到了文物市场传来的一条信息：有人盗了个“承议郎”的墓，有一批宋瓷将要出手。“承议郎”是宋代文散官官名，相当于现的副处级调研员。这样的官儿在到处埋皇上的八百里秦川简直可以忽略不计，但如果真的有宋瓷，那就非同一般了。盯住这个线索后，韩青龙和侦察员们一直查下去，果然 2006 年 1 月 14 日，在一家小宾馆抓住了两名刚刚盗墓回来的犯罪嫌疑人，还缴获了大量的盗墓工具，包括铁锹、炸药、雷管、洛阳铲等，然而在他们房间里却一件文物也没找到。这是怎么回事呢？

经审讯，这些可疑人员确实就是盗墓贼，而且他们已经得手。让侦察员们惊喜的是，这伙人正是他们一直寻找的盗掘蓝田县五里头村古墓葬的犯罪分子。据交代，他们只管干活，盗出的东西都在头目手里，而这个头目正是我们前面讲到的吕富平。

吕富平为什么会选择蓝田吕氏墓葬下手呢？这里面有很深的历史渊源。

首先，吕富平是蓝田县三里镇五里头村人，对自己的家乡熟悉了解。其次，他哥哥仍住在村里，可以掩护他，让他长期住下以便仔细勘察行盗目标。第三点最重要，就是吕富平家是祖传的吕氏家族祖茔守墓人，与其他人相比，更了解墓葬的位置。

后来我曾听北宋吕氏后人讲，吕富平祖上乃北宋时期吕氏大家族的远亲，如《红楼梦》所撰写的贾氏大家族一样，同宗同族中成员贫富亦有差别，富裕者帮助穷人往往招其做些力所能及的活路以赚钱养家。吕富平祖亲正是承担了吕氏祖茔看守人一职才独家居住在五里头村的。世世代代，吕氏家族遵循古制，守墓人可以耕种墓园内闲置土地为生，每年初一家族大祭祀后由守墓人为参祭人员提供一顿饭食算做无偿使用土地的回报。这规矩一直沿用到中华人民共和国成立前，而守墓人也祖祖辈辈将这一职责传承下来。

由于墓园周边自然条件较好，近一千年来不断吸引一些流民、散户定居此地，逐渐形成了今日的五里头村。尽管村中姓氏繁杂、人口众多，但吕姓血统却唯有吕富平兄弟一脉。

吕富平成年后并不安心于家乡务农，在社会上四处游荡，2002 年被判过刑，2004 年释放。他出狱后在西安打工时结交了一些“道”上的朋友，交往中说出他祖上为北宋名门世家、著名的吕氏四贤的家族远亲，并世代担负世袭看守墓地、家庙之责。“要想富挖古墓”，这些利欲熏心的人一拍即合，一个盗墓计划随之形成。先由吕富平回村，利用冬季农闲田野中渺无人迹之时趁夜间秘密勘探、寻找目标，当择定桃园中的古墓葬后，又借当晚村里人都去喝喜酒的机会，以爆竹声为掩护炸开洞穴钻入墓中盗劫。据说，踏入墓室的人被种类丰富、保存完整、品相优良的瓷器、铜器吓了一跳，慌乱中踩碎了一件物品，都顾不得细看，匆匆忙忙地只管埋头挖宝，将所得文物全部交与吕富平保管。

所以警方要侦破此案，必须先抓住吕富平。于是侦察员让已被抓获的盗墓贼熊义方给吕富平打电话，声称要与吕富平见面说事并一起喝酒。狡猾的吕富平在电话里询问：“你是不是出事了？如果是，你就用普通话说。”熊义方原本说一口河南话，在电话里突然改用了普通话。话一出口，吕富平大惊失色，匆匆聊了几句就借故挂断了电话。

经过警方多方摸排、努力搜寻，终于抓获了罪犯吕富平，并在其家中查获被盗北宋吕氏家族墓葬随葬文物123件组，并将所有被盗文物转交至陕西历史博物馆收藏。

蓝田北宋吕氏家族墓葬被盗案件圆满结束，新闻媒体对该案件做了详细报道，精美的出土文物、珍贵的宋瓷与古铜器一经曝光便引起哗然，不但引起社会各界关注，也招来不少盗掘者云集此地。本着对文物与遗迹保护为主的原则，县文物部门曾派专人昼夜看护，希望将深藏地下的文化遗存尽可能保全下来留给后人。但巨大的利益诱惑驱使一些不法之徒一次次铤而走险。两次武装盗掘之后，第三次盗墓的竟是一家三口，孩子在洞口望风，夫妻二人同心协力下墓挖宝。严峻的事实不容犹豫，看来抢救性考古发掘已迫在眉睫。经国家文物局批准，在陕西省文物局赵荣局长指示下，时任省文物局文物处处长的周魁英亲自主持召开了省、市、县三家有关部门协调会，确定对蓝田五里头北宋墓地进行抢救性发掘。这是一项迫不得已的决定，也是当时最行之有效的举措。从这时起，蓝田五里头北宋吕氏家族墓园考古工作便正式拉开序幕。

记得那是2006年11月一个忙碌的下午，我边整理书案边看了一眼墙上的挂钟，“啊，已经五点了，时间过得真快”。这时，桌上的电话忽然响起，听筒那端传来了焦南峰院长坚定的声音：“张蕴，带上刘思哲马上跟我去工地，详情车上再说。”就这样，我第一次来到蓝田县五里头村村北的这片黄土地上，第一次看到那片桃树林，也第一次看到那深不见底的盗洞。

经过一年多的调查、勘探、测绘、资料汇总和研究等准备工作，2008年6月13日，由陕西省考古研究院与西安市文物保护考古所联合组成的考古队在预定区域内挖起了考古发掘的第一锹土。

自此，五里头村北沿的一户农家小院就成了我们考古队员的家，他们不分冬夏寒暑、节日假期不辞辛苦，早出晚归，甚至披星戴月的努力工作。终于在2011年1月大家完成了所有田野考古发掘任务，成功地向世人揭示了完整的一座一千年前的古代家族墓园。由于墓园空前的完整、墓葬资料信息的丰富及其随葬器物的精美，该考古发掘项目曾荣获2011年度中国考古新发现奖。

蓝田北宋吕氏家族墓园到底是什么样子？它的主要组成部分又有哪些呢？下面我就做一个简单介绍。

北宋蓝田吕氏家族墓园由4个重要部分构成，它们分别是：墓园兆沟、墓园家庙、墓园神道、家族墓地。

什么是墓园兆沟？通俗地说，就是环绕在墓园周围的围沟。有了墓园兆沟的存在才能确定墓园的边界、形状、面积。可以说，兆沟既为墓园界沟，同时承担隔离、护卫、排水等功能。现存兆沟北端平直规整，南部东、西两沟斜向内收成瓶嘴状入口，圈成北阔南窄形似倒置酒瓶状的空间［图2］，包含面积约150亩。兆沟最深处是1.7米，原宽度为5~8米。原来兆沟内还贮满清水，这些水来自墓园西侧的河流。这样一来，吕氏墓园整体形成远有群山抱揽，近有水流环绕，所谓“山环水复”的上佳地望条件。

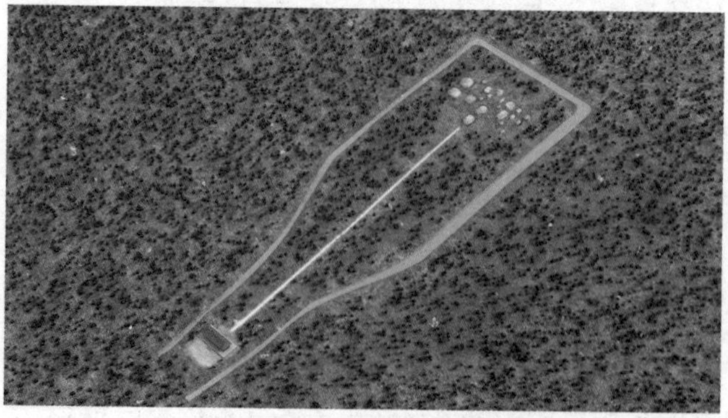

图2　北宋吕氏家族墓园平面复原图

什么是家庙？家庙的功能是什么？顾名思义，家庙是吕氏一族盖在墓园中的用来祭祀祖先的庙宇，列祖列宗的牌位按先后顺序就摆放在家庙正殿内。在中国，祭祀向来备受重视，所以家庙位置设在最显眼的墓园入口内。另外，按当时当地乡俗，妇女、小孩儿死后只能作为袝葬者进入墓地，所以常常将他们的棺椁暂时存放在一个地方，等待正主就位后再依礼安排袝葬人的葬处。家庙就是暂时寄存这些灵柩的最佳场所。除去以上的主要功能外，家庙前院、配属殿堂等场所还可对外做些公益活动，比如开课授业、召开文化讨论会，像今天的文化沙龙一样。

吕氏家庙原名已经佚失，最早的建筑与墓地同期完成，现存的家庙主体建筑为北宋晚期，乃五开间式高台殿堂。曾经有着阔顶高墙、彩绘雕栏。但近一千年的风雨沧桑已经吞噬了这一切，只有废墟中的青砖黛瓦、龙纹滴水、兽面瓦当、三彩脊兽［图3］依然尽显昔日建筑的庄严肃穆、高大气派。

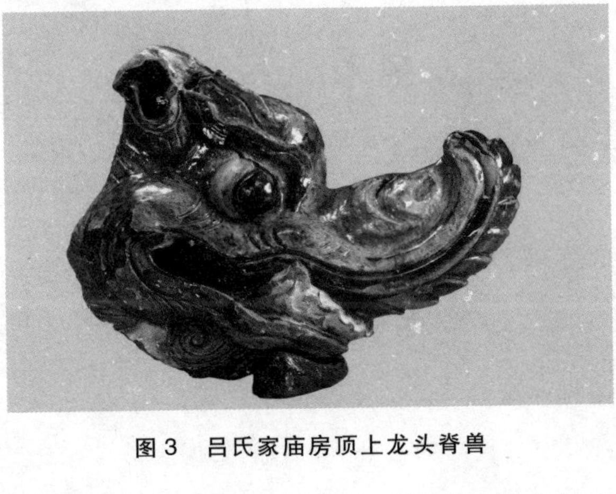

图3　吕氏家庙房顶上龙头脊兽

神道是墓园中最重要的路径，起始于家庙主殿北门，一直向北延伸，最终到达墓葬群最南端的主墓葬为止，它是连接家庙与墓葬群的唯一通道，全长近500米、宽约6米，道旁等距离对称地排列着石虎、石羊等石象生。每当祭典仪式在家庙中完成，灵柩便由正殿北门抬出，沿神道进入墓地成葬。

无论是兆沟，还是家庙、神道，都是为墓葬服务的。所以家族墓葬才是它们存在的前提。因此，墓葬群就是整个墓园精髓所在。偌大的一个墓园，墓葬群究竟被安排在哪里呢？

墓葬群［图 4］位于墓园北部居中处，共计 29 座，其中 20 座为成人墓葬，9 座属未成年人墓葬。29 座墓葬，看起来一大片，如果没有一个制度来约束要求的话，势必会乱成一团。

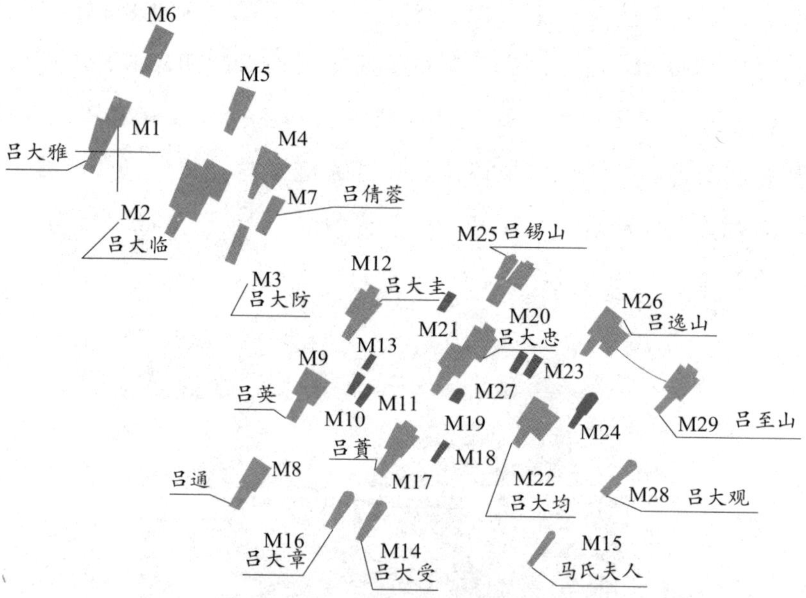

图 4　墓葬群分布图

用来规范排列这些墓葬的原则是什么呢？

通过考古发掘，我们总结出了它们的布局规律，这就是墓群南端是整个家族中最年长者——吕通夫妇，他们的子、孙、重孙按不同辈分分横排紧随其后，而每一排又有一位领军人物，这人必须是顶门长子、长孙、长重孙身份，其他人员则按年长者紧靠领军人物的原则依次向两边排列。这个规律非常清晰、明确，因此我认为这就是整个墓地的葬制。

北宋吕氏墓园使用时间为宋神宗熙宁七年（1074 年）至宋徽宗政和六年（1116 年），共计 42 年，埋葬了五代吕氏族人。根据发掘出土的吕氏家族墓志铭，可基本排列出葬于祖茔中的北宋中晚期家族成员谱系表［图 5］。

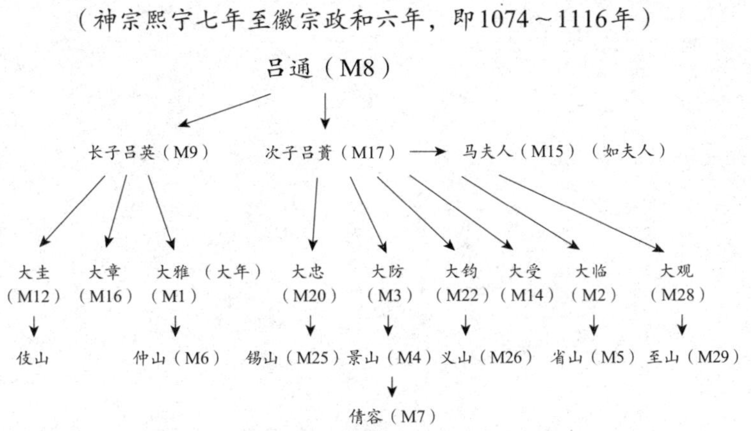

图 5　北宋吕氏家族墓反映的家族谱系

北宋末年，由于关中地区被金人占领，政府南迁，权贵纷纷追随南去，北宋宣告灭亡。当时位居关中士族之首的吕家自当有拳拳爱国之心，因此居住在乔村的吕氏主流人物必然随政府的南迁而举家跟随。由于战乱，迁走的人死后再也不能回归故乡，而留在乔村的吕氏后人因为不是嫡系，死后也不能葬入祖茔，只能埋在乔村旁的庶系墓地中。所以太尉塬的吕氏祖茔只使用至北宋晚期而结束。

通过蓝田北宋吕氏家族墓园的考古发掘与研究，让我们穿越时空隧道，回到千年前，看见坐落于灞水之滨的那个水流环绕、松柏苍翠、碑石林立的幽幽墓园；看见了当年关中一个名门望族对生与死的认知。这个偌大的家族、29 座墓葬向我们讲述了怎样离奇而曲折的故事呢？请看下文。

（陕西省考古研究院　张蕴）

古墓内的隐秘

在吕氏家族墓葬的发掘过程中，古墓中的很多特殊之处令人产生疑惑。为什么吕氏墓葬中随葬品多实用器而少见明器？是什么原因导致吕氏家族对传统丧葬习俗的悖逆呢？吕氏家族20座成人墓中，为什么其中3座墓葬采用了特殊形制？通过考古发掘、墓志铭文考释及科技检测手段，我们逐渐知晓了吕氏家族的动人故事，也由此了解到丧葬习俗、随葬品种类、墓葬形式在北宋时期的演变过程。

上文我们介绍了吕氏家族墓园的整体构成和 4 个重要组成因素，其中墓葬是重中之重，因此在这里我要着重讲解一下。

如上所述，20 座成人墓葬是整个墓葬群的主体，方向乃为坐北朝南式。从形制上讲，皆为竖井墓道、土洞墓室，深度在 7.5 至 15.5 米之间。什么是形制？形制是个考古术语，就是指墓葬的形状样貌。竖井墓道是指从地面向打井一样端直向下挖成的墓道，这个说法主要是为了区别于斜坡墓道。

吕氏家族墓的墓室在形制上表现的多种多样而且随意性强，大致可归纳为五类：第一类是单室墓葬，所占比例最大，说俗了，就是只有一间卧室的经济适用房；第二类为前后双室墓，就是现代住宅一室一厅；第三类属并列双室墓，这类墓葬设有并列的两个墓室，还有一个小面积前厅，相当于今天老住宅楼中的两居室；第四类为一前室双后室墓，具有较大前厅和两间并列的面积较小的后室，同于现代的两室一厅布局；第五类是主室带侧室墓，有一个较大面积的主室，隔壁又设置一间面积较小的侧室，与现在的一间半居室意思相同。所有阴宅中大房间属男性墓主人占用，后室为夫人居住，两室若并列则表明室主人身份相同可平起平坐。单独一室主要安排那些没有家室的单身贵族。

说到墓葬中的随葬器物，吕氏家族也是别具特色。随葬器物总计一千余件组，其用途涉及餐具、酒具、茶具、香具、文房用具、闺阁用具、佛事用具、礼器、日常杂器九个不同的生活领域，质地包括：瓷、陶、石、金、银、铜、铁、锡、贝、漆木十种材料。特别是瓷器[图 1、图 2、图 3]，不但数量大而且器形种类繁多，整体保存良好，品相与工艺堪称上流，看后的确令人兴奋震惊。

图1 白瓷器

图2 青瓷器

图3 黑釉瓷器

经过认真细致的清理研究可将随葬器物的特点概括为以下几条：

第一，种类丰富，涉及面广。

第二，大多数为墓主生前实用器具，这与同时期其他宋墓以随葬明器为主的状况区别明显。

第三，瓷器不但数量多，而且质地非常好，工艺也很精细，许多器物无论造型还是意境都可代表当时的先进水平。

上面第二条提到“明器”，什么是明器？明器就是人类现实生活中实用物件的仿制品，它们有生活用具，也有仿制人形的俑类。

唐宋时期，墓葬中曾经流行的是三彩器、彩绘器。例如，我曾在西安西郊远东公司基建工地上发掘的一座唐代砖室墓，其墓葬不大却出土了大批三彩明器。其中的一件三彩嘶鸣马［图4］造型栩栩如生，鞍配装饰华丽，堪称唐三彩马的上等佳作；又如，陕西蒲城唐让帝惠陵中发掘的50件半人高的粉彩陶俑［图5］，都是这一时期随葬明器的代表作。尽管它们外表也很光鲜华丽，但终究还是只为丧葬定制的明器，并不使用于现实生活中。但吕氏墓葬内的随葬物品却与所有宋墓出土的随葬器皿不同，是以墓主生前使用和喜爱的各种生活物件为主。

图4　明器三彩马

图5　惠陵粉彩女俑

是什么导致吕氏家族对传统丧葬习俗的悖逆呢？我认为，这是表现在丧葬领域中的一种复古思潮。

很久以前的奴隶社会，也就是我国历史上的商周时期以及更早阶段，随葬品主要采用墓主生前所享用的实际物件，比如说墓主生前使用的饮食器具、享用的乐器、乘坐的车马，甚至包括侍奉过墓主的婢女和小妾，他们都会被作为随葬品的组成部分而埋进坟墓。因为当时的人们认为，人死只是在地面上消失，他的灵魂还会生活在另一个空间，所以墓主在人间的豪华生活应该带到阴曹地府去继续享受。

到了春秋战国时期，这种残酷的做法受到了许多人批评，因此墓葬中逐渐越来越多地使用明器随葬，起初是用泥捏成人形代替活人殉葬。秦汉以来，人们对生和死有了更为明确和现实的看法，所以墓中随葬器物也逐渐以明器代替了实用器。即便是威震天下的秦始皇帝，也同样用陶俑方阵代替了军队，用青铜水禽代替了活体水禽，用石铠甲代替了真正用于战争的皮甲和藤甲。此后的历朝历代，随葬物品中明器基本取代了实用器。

可是当历史发展到北宋时期，却在文化人中兴起了一股复古之风，而且非常盛行。他们研究《周礼》，提倡向古人学习一切的思想、行为、举止，他们收藏古物，研究古礼并以身做则的执行。吕大钧继妻种氏墓志铭曾记载说：大钧生前倡导古礼，夫人一生与他志同道合。大钧死后，夫人主丧，一切礼仪完全仿照大钧给他爹吕蕡操办丧事时所行古礼办准。可见，吕氏家族好古礼不是光说不练，真是身先士卒去做了。具体的表现就是墓葬的简朴和只带走自己生前用过与喜爱的东西随葬。也正因如此，才让我们有机会看到了那些珍贵的宋瓷和涉及宋人生活方方面面的器具。

所以，吕氏墓葬中随葬品多用实用器而少见明器的做法只有一个解释，那就是吕家是北宋文人世家，是复古的热衷者，是以研究和执行古礼享誉关中的士族，所以他们必须模仿古人而区别于当代。

在这个家族的 20 座成人墓中，值得特别一提的是其中的三座墓葬，它们分别是吕大忠、吕大临和吕大圭墓。这三座墓葬有一个共同的特点，就是主体墓室之上都纵向叠置 1～2 个空墓穴，这种特殊结构在已发表的宋墓资料中前所未见。

为什么这三座墓葬会选用这样特殊的形制呢？大家戏说：可能吕家的有钱人住平房住腻了，死了想换个楼房住住吧。显然这是玩笑话，但这个问题的确让我们好生困扰了一阵啊。就拿吕大临墓的发掘来说吧。

吕大临，字与叔，是吕蕡的第五个儿子，自幼聪颖好学，先后跟随北宋著名儒学大家张载、程颢、程颐学习，学有大成，又考取了进士。但此人生性淡泊名利，喜欢钻研学问，学成回归乡里后，志在教化百姓，曾“杜门十年，以讲学自乐”，号芸阁先生。吕大临在理学、金石学、古器物学领域的研究颇有建树，所编纂《考古图》一书奠定了中国古器物学之基础。直到宋哲宗元祐年间，年近五旬的吕大临方出仕为官，可惜当官不久，正准备晋升时却染病不治身亡。逝后葬于蓝田太尉塬家族墓园中，他的墓葬在本次发掘的田野编号是 M2。

按考古规程，发掘工作首先要从墓道开始。当墓道下挖至 3.5 米时，北壁正中发现了第一座空穴的入口，这是一间长方形洞室，室内空无一物。这个空穴是什么意思？它和 M2 墓葬有没有关系？摆在面前的事实怎么解释？一连串的问题真把人搞得一头雾水。有人说，也许是近现代的小墓，碰巧叠压在 M2 墓葬上，可这个奇怪的“近现代墓”墓道却与吕大临墓的墓道完全吻合，如果说是凑巧，那就“巧”得太神奇了。显然凑巧的说辞有些牵强。大家聚在一起讨论，仍然不能得到一个满意明确的解释。我想一时搞不明白也没关系，继续做下去也许答案自然会浮出水面。于是，按照考古工作程序，绘图拍照后继续下挖，当墓道深挖至 7 米时，同样的场景再次出现了：一个与上部基本相同的空墓室又展现在大家眼前。显然，巧合、叠压之说断然不能成立。首先可以确定，这是有目的的蓄意安排。其次，这些空穴应当属于整个墓葬结构设计中的一部分。第三，这种做法或者说特殊形制必然隐藏着某种深意。

随着考古工作的深入开展，最后在 15.5 米深处终于发现了实用墓室。这是一座高大宽敞、两室一厅的阴宅［图 6］，不但造型气派，还随葬了大量墓主人生前使用和喜爱的各种器物。直到此时，那些笼罩的重重疑云才彻底散开。原来，这位伟大的考古先驱在研究那些古物的同时早已洞晓了那些流传的几千年前的青铜器、玉器主要都是盗墓贼盗墓的“杰作”。为了防止他自己身后可能发生的墓葬被盗，他采取了以大三个措施：第一，布置空穴以疑惑盗墓贼；第二，深藏阴宅于石板层下，令其无法窥探到自己的住所；第三，不用砖券、土夯。墓室封门用土坯垒砌，力图不留下任何墓葬痕迹。

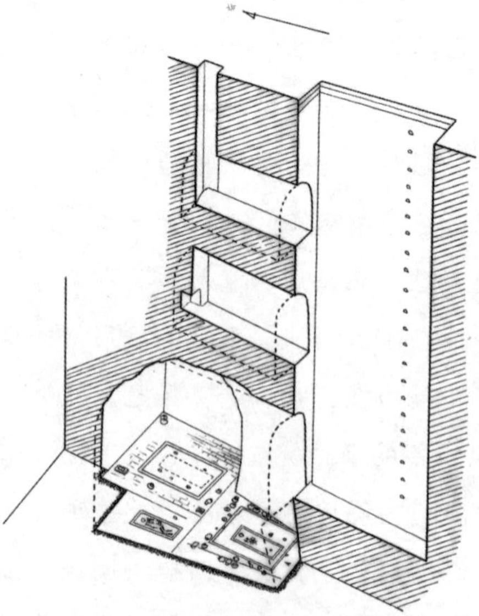

图 6　M2 吕大临墓三维透视图

这些做法不但有别于其他地区同时期墓葬，而且的确有些匪夷所思。这也充分体现了吕氏家族在营建墓葬方面理念上的不同凡响。

那么，这样别出心裁、用心良苦设计出的墓葬真的可以防止盗掘吗？

首先，我们必须要给先贤们一些安慰，这样的布局确实小有成效。M2 墓葬最顶端空穴就发现了一个圆形盗洞，想必是盗墓贼钻进洞室发现是空穴只得扫兴地无功而返吧，盗洞也没有再往下延伸。当我们正庆幸吕大临墓葬上方没有盗洞的时候，又怎能想到会有下面这样的情况出现。盗洞自其东北方的吕景山墓（编号 M4）墓道直下，先洗劫了景山墓室所藏文物后，向西南方向拐弯掏洞进入吕大临墓东后室，将其破坏偷盗后，又从前室向西穿过土壁进入邻居 M1 吕大雅墓，带走了 M1 墓葬的贵重随葬品。这样严酷的事实让人只能发一声感叹，俗话说得好呀：“道高一尺，魔高一丈。”M2 墓葬虽然防范重重，却终究难逃厄运。

这个盗洞一连串盗掘了三座墓葬，破坏性极强。从盗洞形制、盗者对墓地情况的熟悉程度以及行盗时未扰动墓主骨架、随葬品还遗留部分瓷器推测，盗案应该发生在较早时期，可能是金人入驻后的战乱阶段。盗墓贼是一个对墓群布局十分熟悉的人，很可能就是看墓人监守自盗或与外人联手所为。因此说，吕富平家族中不肖子孙的确不只他一人。

20 座成人墓中还有一个身份不同凡响，墓葬也非常特殊的人物。这个人曾经身居高位、权倾朝野，也曾经饱受屈辱、流落岭南，最终客死他乡，他就是吕大临的二哥吕大防。吕大防墓位于 M2 墓葬的东邻，田野编号 M3。因为吕家墓葬都是土洞式，所以我们采用了大揭顶式的考古发掘方式。奇怪的是，这座墓葬不但比其他墓葬浅，而且墓室狭小，室内空空，既无葬具更无任何随葬品，竟是空墓一个。这些完全与声名赫赫的吕大防不相配。难道它也是防盗的空穴吗？其实，当我第一眼看到这种景象时也是满腹疑问，但仔细辨别墓道底部的土色后，已然见底，这说明我们眼前的空室就是货真价实的实用墓室，只是没有埋人而已。

为什么一个当过宰相的人会有如此简陋的归宿呢？墓葬的主人又去了哪里呢？

要了解实情，还必须从吕大防的仕途沉浮说起。

吕大防是吕蕡第二子，字微仲，从小未在父母身边生活，跟随伯父吕英学习，长大后不但学问很好，考取了进士，而且胸有大志。吕大防在为官期间，体恤百姓，深得民心。入朝后，因政绩卓著，他受到宋神宗关注。《宋史》记载道：

> 大防身长七尺，眉目秀发，声音如钟。自少持重，无嗜好，过市不左右游目，燕居如对宾客。每朝会，威仪翼如，神宗常目送之。

这段话是说，吕大防身材高大、相貌英俊、声若洪钟、性格沉静庄重，即便是从热闹的集市上走过，也是目视前方绝不左顾右盼。平日与妻子相处彬彬有礼。每逢朝会，他总是显得凝重威严。就是神宗皇帝也对他刮目相看，朝会结束，常常目送其离开。由于能力很强，处事果决，宋哲宗初期他受到朝廷重用：元祐元年，宰相司马光病逝，吕公著接任宰相；元祐三年，吕公著告老离任，宰相一职便由吕大防接任。任职期间，吕大防公正不阿，与范纯仁一起同心协力治理朝政。元祐八年，他因朝权之争而失势，一贬再贬，流放岭南。古时候，岭南地区指五岭之南的两广、福建一带。那时这里地广人稀，山林茂密，气候湿热，还有可怕的瘴气，北方人多不能适应当地自然环境，所以被流放到这里的官员大多难还故里。

吕大防最终被贬到循州（今广东惠州一带）。71 岁的吕大防在儿子吕景山及孙女吕倩容陪同下，踏上了南行的遥遥旅途。他们乘船由长江转入赣江，自赣州登陆，沿大庾岭（又称梅岭）古驿道翻越大庾岭出大梅关，进入岭南地区。这时又接到朝廷诏令，命其未得上谕永不许返京。吕大防看到这岭南的荒凉、艰难景象，不禁长叹一声，对儿子景山说："吾不复南矣！吾死汝归，吕氏尚有遗种。"意思是，我不能再往南走了，如果我死了，你还可以保住性命回到家乡，我家尚有遗脉，若再往南去，恐怕你我父子都会死在这里，吕家便从此绝后了。说完这些话，他便一病不起，客死他乡。但吕氏家谱与《宋史》所记的吕大防死因有些不同。吕氏家谱中说：吕大防是因绝望，为保全儿子，纵酒狂饮自尽身亡的。

吕大防死后，其嫡子吕景山只能将老父暂时埋葬于梅岭南麓脚下的南山寺内，自己原想一路南行赴循州报丧，不料山路崎岖，无意中走错道路，竟一路向东行至南海边现广东省澄海区东林村一带，他眼见前方是茫茫大海再无去路，又见这海边渔村清静朴实、远离红尘，便决定将父亲遗体埋葬于村西南的石鼓山上。现石鼓山上吕大防墓［图 7］犹存。

图 7　东林村石鼓山吕大防墓

为了验证这段历史和确定吕大防真实墓葬所在地，我们专程前往现场调查，最终证明：石鼓山上坐西向东、面朝大海的石砌墓葬确属吕大防所有。该墓明代中期曾被后世子孙重新修缮过，所以看起来更像明代墓葬。东林村的吕景山后人经一千多年的繁衍生息，如今已发展到10多万人，主要分布在广东、福建一带。

后来，吕大防长兄吕大忠上表恳求宋哲宗，这才得到准许，同意吕大防灵柩回归祖茔埋葬。但时日已久，又加上南方湿热，骨肉难还故乡，所以埋进墓穴的葬具中只敛入其衣冠为替代。至此，M3墓葬的神密面纱被彻底揭开，原来它只是吕大防的衣冠冢。此时，居住在蓝田乔村的吕氏后裔也证实说，原家谱记载太尉塬祖茔中的吕大防墓确为衣冠冢。这样一来，今日的考古发掘结果正与吕氏家谱记载相印证。这墓园中唯一的空墓内隐藏着一段悲凉感人的往事。

在吕大防墓葬的考古发掘中，我们得到了一个意外收获，那就是在大揭顶式发掘所开探方北偏西处有一座编号M7被疑为近现代的小型墓葬，本来它并没有受到特别关注，却一不小心出土了一方青石墓志及10多件组精美的宋代瓷器。这真是个意外收获。据墓志记载，小墓属吕大防孙女吕倩容所有。吕倩容是吕大防嫡子吕景山的嫡生第四女，年方22岁便染病身亡。她是葬在墓地中唯一的第五代成年人。M7墓葬虽然不大，随葬品却异常丰富且品相上佳。其中的一件青瓷酒瓶［图8］和扁圆形白瓷盒［图9］，不但质地好、做工规整，瓶中与盒内所遗留的物质也十分奇异特殊。青瓷酒瓶瓶底检测出动物骨骼残渣，而白瓷盒打开后里面收藏的白色粉末非常细腻滑润。开始大家都认为是妆粉，但与其他墓葬出土妆粉一比，发现有着本质的区别：妆粉见潮就凝结成块状，而且质地也显粗糙；这盒白粉虽经千年埋藏、潮气入侵而不凝不化、色泽依旧、松散如初。它们究竟是何种物质？为什么经历了上千年仍可保持原貌呢？

图8 青釉小口瓷酒瓶

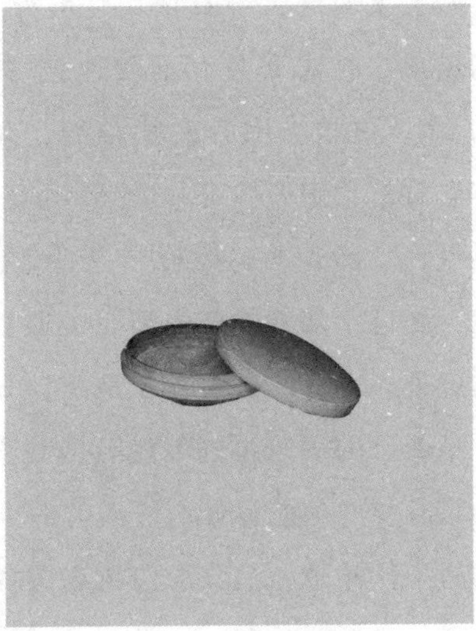

图9 白釉圆药盒

要解开这个疑团，还须从墓主人坎坷、不幸的一生讲起。

那是北宋哲宗元祐元年（1086年）一个秋高气爽的九月，京都汴梁吕大防府中喜气盈盈，因为吕大防的儿子吕景山夫人李氏为吕家添了一个粉妆玉琢般的小孙女，祖父亲自为她起名叫吕嫣（字倩容）。这孩子生来就十分乖巧伶俐，长大之后不但知书达理、深明大义而且琴棋书画无一不通晓，是个人见人爱、聪慧美丽的才女。祖父母视她为掌上明珠，经常把她带在身边亲自教导。她父母亲也因其懂事、孝顺而对她倍加钟爱。在这个其乐融融的大家庭中，倩容无忧无虑地快乐成长。直到元祐九年初春，灾难突然从天而降，倩容的祖父被贬职流放。这彻底打碎了小姑娘梦幻一般的甜蜜生活，从此厄运便与她紧紧相伴，直到终生。在与父亲共同陪伴祖父流放岭南的日子里，倩容患上了足弱之疾。这种病在古医学典籍中被称为“脚气”，但和我们现代人所说的“脚气”是完全不同的两种疾病，它的病根起源于湿热之毒，发病在下肢，得病后人腿脚酸软无力，足胫肌肤日渐消瘦，冷、麻、酸、重的感觉与日俱增，形神萎弱，久治难愈。如见心慌气短、烦闷燥热、神志昏昏，下肢肿胀则是病情危重之兆，名曰“脚气冲心”，凶险之极。因为此病难缠，久治不愈，为缓解腿脚酸软乏困，倩容会时常饮用一些可强壮筋骨的药酒，以当时条件而言，最有效的除湿气、壮筋骨的药酒应当是什么呢？我想，应该是传统的虎骨酒。所以，她墓中随葬的青瓷酒瓶中遗留的动物骨骼残渣很可能就是泡酒用的虎骨。虎骨酒被封存于地下，日久天长瓷瓶上软木塞逐渐腐朽损毁，敞着口的酒瓶再也不能阻挡酒水的挥发和泄漏，所以我们今天见到的只有空空的瓶体和内底残留的少许骨末。

另一件精致、缟素的白色扁圆瓷盒里装着的极为细腻、滑爽的白色粉淆，经检测认定，这是一种矿物质和植物与汞的混合物，稍有毒性，是古人用来治疗水肿的口服药物，它的功能正合吕倩容的病情。所以这盒中白粉应是她日常服用的药物。

当祖父吕大防死于岭南数年后，得皇上恩准，倩容随父亲一齐扶吕大防灵柩北归，一路历经艰辛坎坷。对于倩容的一片孝心，父亲吕景山在为她亲笔书写的墓志铭中赞誉有加。但人世无常，才女吕倩容正值青春年华便沉疴不治，唯一的愿望就是希望大婚之后再离开人世，然而这个心愿却变得如此遥远、可望而不可即。当迎亲的队伍仅有一天路程就可到达时，倩容却带着遗憾永远地离开了她的所有亲人。就在她病重不治而亡的前一天，她的父亲吕景山已经知道再无回天之力，为了向女儿尽最后一份父爱，他坐在倩容病榻前，语气安详地为她讲述着生死浮幻之理，希望女儿能平静地面对死亡，这也许就是我们现在所说的临终安慰吧。倩容也深深理解父亲内心无比的伤痛，所以强打精神，好言劝慰，以宽父母之心。父女二人就这样心照不宣，哀哀诀别。

一年后，吕景山在冬至这天率全族人到家庙祭祀先祖并安葬爱女吕嫣（倩容）于祖茔。为了悼念她的乖巧孝顺，为了怜惜她的芳华早谢，景山将她葬在了祖父墓穴旁，并为她悉心周到地随葬了各种用器，虎骨酒和消肿药是女儿生前常备药品，自当随其下葬继续使用，同时陪葬的还有酒壶与温酒碗以及女儿家随身携带的胭脂粉盒等物。

一千年后的今天，通过考古发掘、墓志铭文考释及科技检测手段，我们知晓了一个女孩凄婉的故事，了解到这个女孩被何种疾病折磨致死，而且明确了古人治疗这种疾病的一些方法和药物。

墓葬所提供的信息只是本次考古收获的一部分。在蓝田吕氏这个大家族中，人们日常生活里的哪些事情是女人和男人的最爱呢？下文我们将专门讲述。

（陕西省考古研究院　张蕴）

吕家人的爱好

蓝田吕氏在北宋时期是当之无愧的名门望族，既出过位高权重的当朝宰相，又有名留后世的考古学鼻祖，“五子登科”的荣耀与世代官宦的辉煌，让这个家族一时之间煊赫无比。然而令人疑惑的是，千百年后，伴随着这个家族长眠地底的，却不是代表权势的金银财宝，反倒多是些寻常之物。那么蓝田吕氏的随葬品究竟有什么？吕氏族人又为何对这类物品爱不释手？

这里我们主要从墓葬出土文物所反映的信息中，谈谈吕氏家族中男人和女人的主要喜好。

因为女性墓主在比例上多于男性，所以我们首先从家族中女性墓主说起。一千年前的北宋时期，医疗条件自然不能与现代相比，生孩子就是女人的“鬼门关”。吕氏家族中不少女性都死于分娩或哺乳期疾病，因此她们离去时往往年龄较小。本来，自古至今，女人的世界就是五彩缤纷的，无论容貌的俊与丑、年龄的大与小、家境的富与贫、出身的贵与贱、受教育程度的高与低，爱美都是女性永恒的主题。所以在整个的考古发掘过程中，每一个女性墓主都随葬着自己喜爱的化妆品。例如，M6号墓中就埋葬着一个颀长、苗条而又神秘、孤独的年轻女子。她没有墓志，没有任何带有文字的随葬品，所以她的名字、身份、为何而亡故都不得而知。从墓葬群排列制度上推测，她是蓝田吕氏重孙辈的一个年轻媳妇。也许天生丽质加上雅致的审美观，使她的装束与众不同。一条点缀着众多珍珠的丝巾裹住满头秀发，身侧还有一个只有拇指甲盖般大小的、做工精致、外表錾刻缠枝牡丹花纹的圆形纯银小盒［图1］。出土时，盒盖紧闭但盒上的机关扣件仍然保存完好。我们轻轻打开盒盖的时候，一团凝结的红色物质使在场的所有人自然而然地联想到了女子着妆用的胭脂。

图1　牡丹纹圆胭脂银盒

其实，胭脂的原名叫“燕

支”，原产于现在的甘肃祁连山地区。当时，有一座名叫燕支的山，该山满山遍野生长着一种开红花的名叫燕支的植物。燕支花形状与蒲公英相似，匈奴妇女将它采摘后榨出汁涂于脸上添色。西汉时，汉武帝打败了匈奴，占领了祁连山和燕支山。失去了两座山的匈奴人曾凄凉地唱出一首悲歌：

亡我祁连山，使我六畜不蕃息；失我燕支山，使我嫁妇无颜色。

将燕支花晾干研成粉敷于颊上为面色，谓之燕支粉，又称红粉。燕支传入中土与汉武帝后中西文化沟通、交流有关。在此之前，华夏女子化妆仅以白粉敷面，不施红装。

汉以后的南北朝时期，人们在这种红色颜料中加入牛髓、猪胰、鱼鳔等动物胶熬制成一种稠密润滑的膏脂，从此“燕支”就被改写为“胭脂”，又简称为脂。由于广泛使用，唐宋以来女子胭脂的红色物质多以朱砂为主料，仍加牛髓、猪胰、鱼鳔等动物胶熬制成膏状使用。胭脂的流行使世界显得更加多姿多彩。它也随着不同时代流行风尚的变化及场合、身份差异而定。有了淡红如桃花的桃花妆、娇媚如酒晕的酒晕妆和流行于盛唐、艳如朝霞的赭面妆，等等。

胭脂的使用也颇有一些讲究：先以小指甲或专用挑勺由盒中挑一点儿放在掌心，再加一点点水调匀后用双掌外沿轻轻拍施至两颊。北宋时期，女子着妆不仅为了美，着妆可能已上升到一种待人接物的礼数，所以吕氏家族的很多女眷都随身携带小胭脂盒，一旦感觉妆容有损，便立即补救重整红装。当她们离开这个世界的时候，首先要带走的自然也是这些不弃不离的挚爱。所以各种式样、玲珑小巧的胭脂盒成为女性墓主随葬品中的一道霞光。

北宋的胭脂和现在的有区别吗？经过科技检测，M6 号墓錾花小银盒中盛放的确是胭脂，而且其成分与现代女性化妆使用的有96%是相同的。

除了胭脂盒外，另一种白瓷或青瓷圆盒也是女性墓葬中最为多见的随葬品，它的数量甚至超过了胭脂盒，这些盒中又隐藏着怎样的秘密呢？让我们仍然从M6号墓的那个美丽少妇说起。

在她的墓室中，我们找到了一件外表素净、古朴的酱釉瓷盒［图2］，盒盖已不知所踪，盒内现已呈灰白色的块状物与土混淆在一起。经过文保人员的细心剥离后，上半部分的白色物质已清晰可见。看样子似乎是妆粉，沾在手上有润滑的感觉。但瓷盒外表太过素朴，与胭脂盒的华丽反差极大，完全是两种不同的审美。因此，这东西出土之后，我们一直不敢确定它的性质。最后，取样分析的结果证实，果然是铅白，也就是俗称的铅粉；另一件素面青釉鼓腹小瓷盒中也发现了铅粉的痕迹［图3］。

图2　酱釉圆形瓷粉盒

图3　青釉弧腹圆形粉盒

敷粉可美白肌肤，提高皮肤光泽度，并有遮盖瑕疵的显著功效，因此化妆用的白粉历朝历代倍受女性青睐。实际上，中国人用白粉的历史比胭脂更为悠久，可追溯至战国时期，主要的依据就是《楚辞》。《楚辞·大招》记载道：

粉白黛墨，施芳泽只。

意思是，白粉和黑黛可以让女子的颜面显得好看而滋润。最早的白粉是米粉，制作方法简单，就是将粟米碾成细粉后加水沉淀，并置于阳光下晒干，这样得到的粉末结晶就是米粉。后来有了铅粉。因铅粉质地细腻、色泽润白又能保存长久，深得妇女喜爱，并逐步取代了米粉。当胭脂出现后，白粉就成为胭脂的最佳搭档，着妆时先以白粉敷面，使皮肤白皙无暇，再于其上涂胭脂。所以，胭脂和白粉能使女子光彩照人。但光有这些还不够完美，人们常说：黛眉、朱唇才是美人标志。因此眉的修饰和一点红唇更是女妆的经典之作。

在吕氏 M25 号墓葬中发现一个扁圆形的白瓷盒［图 4］。看它素净雅致的外表，我以为是只粉盒，没想到打开一看，盒内一片漆黑，还有些黑色粉末凝结在盒底。平时，我们见到的最黑的东西就是墨，但仔细看这盒中物质并非纯黑，而是青黑色。何况这时的墨都做成长条状，绝不会像粉末一样装在盒子里。从这白瓷盒的精致外表以及墓主的女性身份推测，难道它仍与化妆品有关系？

图 4　白釉小圆盒

在女子的面妆中，只有描眉才会用到黑色。古人画眉的物质叫黛，是一种青黑色的矿物质颜料。用黛画出的眉被称作黛眉。汉时，画眉之风已在宫廷流行，经魏晋南北朝推广后，唐代颇为盛行。无论宫廷还是民间，女子画眉成为普遍装饰。杜甫在《虢国夫人》一诗中写道：

虢国夫人承主恩，平明上马入宫门，却嫌脂粉涴颜色，澹扫蛾眉朝至尊。

此诗描述了杨贵妃三姐妹中最为娇艳的虢国夫人自持天生丽质，入宫朝见皇帝竟不施脂粉却要淡扫蛾眉，可见画眉在妇女面妆中已占居首席地位。

眉形的变化仍以时尚流行为准。隋代宫廷中因隋炀帝喜“仙蛾眉”而流行纤细修长的眉毛，形似飞蛾触角，这种眉形自魏晋至唐宋后多流行；分梢眉即指眉内端尖锐，外端阔而上翘呈分梢状，流行于唐代；出茧眉形如春蚕出茧、粗短平直，南北朝及唐宋皆是妇人修眉模式之一；却月眉又称月眉、弯月眉、月棱眉，形状弯弯，中阔，两端略尖，整体形状宛如一轮下弦月，流行于历朝历代，也是当今正在流行的式样；柳眉又称柳叶眉、涵烟眉，因形似柳叶而得名，稍细于月眉，也是历代女子喜爱画的眉形，至今仍流行。

为了确定白瓷盒内包含物的性质，我们仍然采用了取样做成分分析的科技手段，没想到得到的结果特别让人兴奋。原来这盒里装的竟是在考古发掘中难得一见的妇人画眉用的黛粉。

这样珍贵的黛，拥有它的主人必定是个爱美而又善于妆容的女子。考古发掘证明，M25 号墓中住着两位年轻的少妇：一位姓齐，一位姓侯，黛的主人就是齐氏夫人。她们的丈夫名叫吕锡山。锡山的辈份排在蓝田吕氏的第四代。吕锡山是吕大忠的嫡长子，时任承奉郎。承奉郎是个八品文散官，相当于现在的副处级调研员，并无实责。当北宋末年墓地停止使用时，吕锡山应正值壮年，但他的前后两任正妻却偏偏华年早逝。他的第一位妻子称侯氏夫人。侯氏自幼丧父，其母亲姓田。侯氏不但善理家务而且知书达礼，在母亲悉心教导下，心地纯厚、深明大义，年方 16 岁嫁给吕锡山为妻，进门后，持家理财、侍奉长辈、辅助夫君，善待家人，在这个大家族中深得好评。结婚数载，她为吕锡山育有一儿一女。他们的女儿名叫文娘，不幸早夭。他们的儿子小名清孙，在他出生不久，侯夫人便身患重病。患病消息传到侯夫人娘家，侯夫人的长兄奉母亲之命前来探望。当时侯夫人已病体难支，她听说兄长到来，生怕自己病重的消息让哥哥、母亲担忧、难过，所以强行支撑并装出一副轻松自在的表情与兄长谈笑风生，在大哥走后便一病不起。临终前一日，她看着身旁的乳母欲言又止，在乳母再三询问下，方指着仅有五个月尚在襁褓中的儿子清孙说："善为我护之。"这是侯氏夫人留在人世间的最后一句话，她死时年仅 22 岁。她的丈夫吕锡山与其伉俪情深，亲笔为她撰写了墓志铭文。

侯夫人死后一年，吕锡山再娶的夫人就是齐氏。齐氏出身于官宦之家，但从小丧母，家中事情皆由她做主，不但心灵手巧、女工妙绝，而且喜读道家典籍并颇得其要旨，有厌弃世故之意。21 岁嫁给吕锡山，两人情投意合，相从三年如一日。三年后吕锡山赴河北为官，主管茶、酒税务。在为官期间，他听说建安人（现福建省建瓯市）"赵安常以术游四方，士大夫愿识者众"，就是说术士福建人赵安常以给人看相算命游走四方为生计，因其术高明，达官贵人都愿意与他相交。一天，吕锡山偶遇赵术士，随意问其仕途，赵安常却说："功名未可期，岁在丑，恐不利于君妻。"意思是："你所求的功名什么时候能到手还不知道，但是遇到丑年恐怕对你的妻子不利。"吕锡山并不相信这些无端的预言，但凑巧就在己丑年——大观三年（1109 年）三月，齐夫人却因患乳疾而亡。痛定思痛，吕锡山想到，夫人生前刚刚怀孕时就几次三番对他说："夫君是家中的嫡子，当尽力光耀门庭，可惜我不能与君白头偕老，深感遗憾。"吕锡山问其何故而出此言，齐夫人则沉默不答。也许，这就是人们所说的预感吧。齐氏与锡山六年夫妻，共生育两个女儿，但都是早年夭折。齐氏留给丈夫锡山的只有满腔思念之情。因此，吕锡山在齐夫人的墓室中放置了许多她生前使用和喜爱的物品。27 岁正是最美和最爱美的青春年华，齐夫人不但拥有胭脂、白粉相伴，还有她最称心的这盒黛，就放在头顶上触手可及的地方，即便在黄泉、地府，她也可以永保美丽容颜，如生前一般光彩照人。

讲完了女子永恒的追求，那么吕氏家族的男子们最感兴趣的事情又是什么呢?

从众多的出土器物中我们发现，除了生活用具外，有一类器皿极其特殊而弥足珍贵，它们既不能吃也不能用，却被主人视为珍宝一般收藏于密室，轻易不为人所见。这类物件以铜器为主，还有个别玉器和陶器。奇怪的是，通过考古发掘出土的此类器物少之又少。相反，它们却扎堆地出现在吕富平盗掘的文物中。其中，乳钉纹铜簋［图 5］表面装饰着尖锐的乳钉纹，与近年来在陕西宝鸡石鼓山西周墓地的考古发掘、出土的西周早期乳钉纹铜簋具有同样的时代特征，故此簋制造年代亦应在西周早期。簋是一种盛放粮食用以祭祀的礼器，只有贵族方可使用。而用簋的数量、体量的不同，意味着身份等级之高低。有趣的是，这只铜簋的圈足上还刻有宋人仿金文“自牧”二字。

图 5　乳钉纹铜簋

刻有同样字迹的铜器还有鱼虎纹带盖小铜鼎［图6］。它形体小巧，较现代人把玩于掌中的转球、核桃略大一些，表面铸刻虎、鱼图案，应该是古人拿在手里把玩的弄器，有活动手指、锻炼筋骨的功效。因长期把玩触摸，虽久埋土中，未生锈处仍显光滑明亮。此小鼎从形制特点分析，应当是成器于战国。更为神奇的是，2001年宝鸡凤翔县一座古墓葬内也出土一件与该鼎器形、纹饰极为相似的小铜鼎。因此，我们推测，这两件小铜鼎是同一工匠所做的一双弄器。巧就巧在，一双器物两千余年来各分东西，属于不同的主人所有，却在当代不期而遇，一同现世。真算得上考古中的一段旷世奇缘啊！

另一件铜香炉［图7］也刻有“自牧”两字。香炉制作华而不俗，端庄中暗含精巧，是一件标准的汉代实用器。香炉是用来薰香的。香炉内放置香料，常常被搁置在厅堂、书房或庙宇中，也是祭祀中必用的礼器。

图6　战国鱼虎纹带盖小铜鼎

图7　汉代朱雀铜薰炉

除此之外，还有3件表面被宋人刻有较长仿金文字的铜器，它们分别是：汉折耳带盖铜鼎［图8］、汉素面铜盘［图9］、唐鎏金錾花铜匜［图10］。这组铜器上都刻有“唯政和元年十一月壬申孤子吕世修为考承议郎作敦（盘、匜）以纳于圹”26个字。

上述这些铜器最早的是西周器皿，最晚也是唐朝制造。与北宋没有半点瓜葛，为什么被埋在北宋吕家人的墓葬中呢？

图 8 汉折耳带盖铜鼎

图 9 汉素面铜盘

图 10 唐鎏金錾花铜匜

这一点正是我下面要讲的内容。蓝田吕氏坚持不懈地追求和向往古代礼制社会并希望能够仿照古人过一种彬彬有礼、互敬互爱的和谐社会生活。所以他们对古物，尤其古礼器，情有独钟。这一点在蓝田吕氏的第三代“大”字辈子孙中表现得最为突出。当时的吕大忠、吕大防、吕大钧、吕大临都是进士出身，古代的进士和现在的学历很难对比，实在要比的话，进士及第可能相当于现在的大学本科毕业。考取了进士，就有了做官资格，最低也可以得到一个八九品的散官官职。散官没有具体职责。拿着俸禄有一定的经济基础，却没具体事情去忙碌，他们手头便有了大把的闲暇时间，正好可以对古物进行收藏和研究、考证工作。

当时，对古物的研究主要表现在古代碑刻、青铜器铭文以及古器物形制方面。所以吕氏四贤都是金石学家、古器物学家。我们现在知道的吕大临编纂的《考古图》中提到的青铜器就有7件属吕家的收藏品。

难道这些被吕富平盗掘出来的铜器也是吕家的收藏品吗？它们的主人又是谁呢？

面对着经历了盗墓劫难，准确具体的出土地点已然混乱的青铜器，要解开这些疑惑，唯一途径就是器物本身。庆幸的是，6件铜器都有宋人仿金文刻铭。虽然内容不同，但根据不同内容的铭文，我们仍然可以把它们分为两组。第一组是刻有“自牧”或“牧”铭文的3件铜器。“自牧”和“牧”应当是拥有它们的主人（即吕氏家族中的某个人）所刻，字意可能是拥有者的名或字。我认为，这3件铜器的主人应属葬于吕氏墓园中的第四代“山”字辈成员之一。

祖茔内埋葬的“山”字辈成员仅有3人，分别是吕景山、吕义山、吕至山。吕富平曾在现场指认他盗挖了吕至山墓葬。考古发掘证实，吕至山墓的确被盗墓者洗劫，唯有残留的“吕子功印章”（吕至山，字子功）和被警方截获刻有楷书铭文的“吕至山歙砚”成为确定该墓属吕至山阴宅的直接证据［图11］。

图11　三足素面歙石砚及砚外底铭文

与吕至山墓同一排的，还有吕义山墓和吕景山墓。吕义山，字子居（墓中出铭文石簋可为证）。吕景山墓也被盗掘，残留文物中没有标记吕景山字号的物品。从同族堂兄弟字号相连的规律推测，“自牧”“牧”也许是子牧的别称、雅称或简称。若此说法成立，景山可能字子牧。那么，属于“自牧”和“牧”的3件铜器，就归北宋哲宗时著名宰相吕大防的嫡长子吕景山所有。或者说，吕景山就是这3件铜器的主人。

吕景山是吕大防唯一嫡子，生前官至宣议郎。宣议郎乃从八品文散职，元和改制后为正九品，相当于现今的副处级调研员。文散官平日只拿俸禄并不管事。一旦委派实职则会在俸禄之上增加贴职钱，并有相应丝帛、冬棉、粮食、田地供给，由此可以看出宋代文职官员的待遇相当优厚。在“山”字辈子孙中，吕景山似乎年龄最长，家族中的事务多由他做主。母亲秦国夫人李氏乃吕大防正妻，为一品诰命夫人。前面已讲到，吕大防曾为宋哲宗时期著名宰相，元祐八年的朝权之争导致了以吕大防等为首的保守派失势于朝廷。其后，吕大防被贬岭南循州（即今广东省惠州一带）。吕景山非常孝顺，看到父亲已年逾七旬，风烛残年，便执意要陪父亲同去流放地，行至大庾岭南，父亲吕大防逝世。历经辗转景山将父亲安葬于广东澄海东林村石鼓山。吕景山自己于墓侧简居为父守灵，闲暇时便在东林村中为乡人子弟讲学度日。数年后，景山又送父亲灵柩返回蓝田故里安葬。

景山死后，葬事由嫡子吕为修操办。这一点从景山墓内随葬的歙砚底部铭文内容中得到证实。吕景山是吕大防一脉归葬蓝田祖茔的最后一人。其后世子孙便留居，安葬于广东东林村。景山生前收藏的古器物也被儿子吕为修奉于他的墓室中封存。

第二组是附有较长宋人仿金铭文的鼎、盘、匜。铭文内容很清楚，是说：政和元年十一月壬申这一天，失去了父亲的儿子吕世修为父亲承议郎奉上了敦（鼎）、盘、匜，并将它们葬于父亲墓中。这款铭文非常明确的写了葬器人是吕世修，世修父亲官居承议郎，而承议郎正是吕至山的官职（出土三足歙砚底铭文可为证），所以这 3 件铜器的主人无疑是吕至山。

吕至山上文已提及，吕富平自认的被他盗挖的墓葬因不见出土墓志，吕至山的详细生平已不能尽知，但他官至承议郎则是铜器上写明的事实。承议郎仍属正九品文散官，相当于如今的副处级调研员。吕至山的父亲名曰吕大观，是吕大忠、吕大防、吕大钧、吕大临这吕氏四贤人最小的弟弟。前面的四位哥哥加上早亡的四哥吕大受都是 20 多岁就高中进士，使吕家成为远近闻名的“五子登科”之家，父亲吕蕡为儿子们取得的荣耀欣慰和自豪。可偏是这个小儿子，虽然聪慧异常、学习用功、博览群书且很有见的，又写的一手行云流水的草书，却连续数次科考落地。对此家人皆为其惋惜、感叹，唯吕大观本人并不十分在意，从此再不提科考二字，只在家中埋头读书，上至孔孟之书下至方术、佛老之说无不洞解。父亲吕蕡心疼幼子，想用自己的官宦身份为儿子谋得一官半职，却被吕大观言正拒绝，他说：

> 古之仕者，未尝有求，故出处去就，莫不为义也。今之仕者，未尝无求，故出处去就，莫不为利也。士之廉鄙敦薄，正在乎义利之辨，求与不求之分。

意思是：古人做官并不为私利，只为一个“义”字，今人做官有私心，都为一个“利”字。所以人的廉洁或卑鄙就在于义和利的辨别，有所求与无所求的区分。从此之后，吕大观更加刻苦研读孔孟之道，并拜关中理学创始人大儒张载（张子厚）为师，希望能学到圣人境界。可惜，抱负宏伟却不幸短命，年方 29 岁便英年早逝。死后留下寡妻雷氏及儿子至山、女儿尽奴。不久，雷氏也撒手人寰。一双儿女皆由长兄吕大忠夫妻养大成人，并男婚女嫁，各自成家。多年后，吕大观的儿子吕至山死后，葬在父亲（吕大观）墓穴之后。一千年后，不肖子孙吕富平挖了他们的墓，掠走了属于他们的财富。

讲到这里，我想大家心里已经很明白了，那些不属于宋代制作的铜器都是吕氏一族多年来的收藏品。收藏它们的人分别是吕景山和吕至山。这些古代礼器虽然不是金银珠宝，却是这个文人世家中最为珍贵的收藏。因此，收藏和研究古物就是吕氏家族的男人们最专一的挚爱。

也许，北宋末年金人入侵的动乱和政治中心南迁，使吕家嫡系一脉决定随政府一齐南下。吕家中的收藏品无法带走，又不愿留给入侵的异族，只能埋在上一代的坟墓中，希望得以保全。这种做法虽然违背了吕氏收藏古物的初衷，但也是迫不得已的选择。这就是为什么6件青铜器藏品都被埋在“山”字辈子孙墓中的原因。

细心的读者可能会发现，既然被吕富平盗掘出土的古青铜礼器可凭铭文内容分为两组，每组3件，分属吕景山和吕至山所有，那就不难确定，被公安缴获的123件组文物，至少是2座甚至是3座墓葬的随葬用品，这3座墓应该是吕大观、吕至山父子和与吕至山墓同一排的吕景山墓葬。吕富平为了逃脱罪责，才有意隐瞒了盗墓的数量。

以上我们结合吕氏家族的出土文物，讲述了吕家人的情有独钟。接下来的考古发现中又有哪些更加精彩的内容呢？它们与我们的现代生活又有着怎样割舍不了的紧密联系呢？请看下文。

（陕西省考古研究院　张蕴）

士族的精致生活[①]

在吕氏家族墓地出土的众多文物中，有一批器具格外引人注目，它们高贵典雅、不奢华，但精致非常。在考古人员看来，这批特别唯美的器具很可能就是酒具。与现代酒具不同的是，这批酒具很讲究，处处体现着礼节和饮酒者的尊贵。从它们身上，我们又能了解到中国古代哪些酿酒、饮酒习俗呢？

---

① 本文撰写时重点参考了孙机先生的《中国古代物质文化》一书。

蓝田北宋吕氏家族墓葬中共计有一千多件随葬用品，涉及日常生活的方方面面。这些出土文物不但品相好，保存状况也比较完整，再经过我们专业人员的精心清理和修复，许多物品可基本复原到一千年前下葬时的状况。如将它们全部陈列出来，真若群星璀璨，各具光华。其中，最为瞩目的当属大量实用瓷器和铜器。通过对出土文物反馈的信息研究，我们逐步了解到一些北宋中晚期位处关中士族之首的蓝田吕氏家族讲究而不奢华的精致生活。既要讲究又不要奢华，还必须精致，这是一种什么样的生活呢？

所谓讲究，就是所有的生活用具都要根据不同需要分工明确、用途专一，不乱拉乱用。不奢华是指器具制作材质比较大众化，没有金银等奢侈品和繁缛复杂的装饰。而精致则是吕家素来重视的一种生活品位，追求的是在平常的材质中体现出不同凡响的素净雅致与端正凝重。比如说，在吕氏墓葬的众多随葬品中，有这样一批器物不但数量很多，而且是每个墓葬中的必备之物。这些以瓷器为主，兼有石、铜、铁、锡各类材质制成的器皿属于哪一类生活用品呢？它们各自的功能又是什么呢？

让我们首先从这类器物中身形瘦高、小口束颈、腹深而长圆的瓷瓶说起。

这种瓷瓶数量较多，而且遍及每一座成人墓葬，因其形长且腹长，故名长瓶［图 1］。以前它还有个别致的名字叫“梅瓶”。顾名思义，起初人们认为这种瓶亭亭玉立，表面装饰的刻花图案既雅致又不失华丽富贵，再加上深腹小口的造型，若插上一枝怒放的梅花，才更有傲然挺立、超凡脱俗之感。实际上，这是收藏界赋予它的雅号，当时的

图1 青釉刻花长瓶

人们对于它的来历并不清楚，误认为是古人插梅花摆放于庭堂几案上的花瓶。通过近些年的考古发掘，长瓶在墓葬发掘中的多次出土已经证明了这种说法是不成立的。梅虽然高雅，也是历来文人所好，但频频从墓葬中出土的事实证明了梅瓶之说是个误会。吕氏家族墓中的长瓶有细瓷也有粗瓷，有刻花的，也有素面的，更有一些外形并非“亭亭玉立”而是有些歪歪斜斜的。这样歪斜的瓶如果用来插梅花恐怕是有碍观瞻的，何况每座墓必有的器物应该是实用品而非观赏品。那么长瓶究竟是做什么用的呢？

从古至今，中国人在祭祀天地鬼神、列祖列宗的仪式中，一种饮品必不可少，它的特殊口感、有些刺激的气味都被认定是鬼神所喜爱的，而且通过这种饮品散发出的气味可以传递祭祀人的情感、祈求，并可表达敬畏之心。除去一般饮品的实用功能外，这种饮品还具有特殊意义，直到今天仍与我们的现代生活不可分割。这种饮品就是“酒”。

所以，吕氏墓中随葬的那些长瓶是用来装酒的酒瓶，是以祭酒的身份葬入墓穴的，正因为酒是必需的祭品，所以才遍及各个墓葬。

与长瓶同出的还有一种模样与长瓶相反的酒瓶，它形体敦实而粗壮，有着一个小口和一个桶一般的圆直腹，浑实的底大而平，外表包裹着一层明亮润泽的酱色瓷釉［图2］。因为有着粗圆的腹部和宽大的平底，不但“大肚能容”而且脚跟平稳不易翻倒，尤其是敦实的外形和通体光滑均匀的釉色，更为它平添了几分憨厚与可爱。

图 2 酱釉素面大底酒瓶

从这些出土酒瓶的外表分析，瓶子的做工、质地、外在装饰应该与瓶中酒的优劣有很大关系。比如，前面提到的青釉刻花长瓶，不但制作规范而且瓷质较细腻，外壁上还以斜刀刻花工艺，刻出了折枝牡丹和莲花图案。单从工艺和用料上讲，对比青釉素面长瓶［图 3］，黑釉素面长瓶［图 4］做工仔细，工艺也复杂得多。尤其是那些茶叶末釉的素面长瓶［图 5］不但外形不甚规范、用料相对粗糙，而且表面釉层也有厚有薄，不够均匀。显然，装在这类瓶中酒，品质上定与刻花长瓶中酒的有一定距离，其价格也有高低之分。

图 3 青釉素面长瓶

图 4 黑釉素面长瓶

图 5 茶叶末釉素面长瓶

遗憾的是，所有酒瓶无论体形高矮、做工粗细都是敞口无盖，所以我们今天看到的只有各种酒瓶，而瓶中却没有半点酒的踪影。这是什么缘故呢？

通过仔细观察，原来这些酒瓶不是没盖，而是盖子烂掉了。当年的酒瓶口肯定是用酒瓶盖堵住的，按传统方法，卖家会用红绸布包裹软木塞封住瓶口，只是因为日久天长，墓室内又潮湿封闭，木塞朽坏后瓶口才了无遮拦。一旦失去瓶塞，瓶中酒便很快挥发殆尽，所以我们发掘出来的酒瓶中往往填满了淤泥却尽失了酒水。

到北宋时期，我国饮用酒的历史已经很悠久，酒的制造也发展到成熟阶段，各类酒具的使用趋于规范化。如上所说，瓶装酒已然问世，而盛酒器具也非常统一，那就是我们在吕氏家族墓里常见的随葬品——酒注子。这类器物仍以瓷质为主，同时还有石注、铁注、铜注、锡注。其中，出土于 M7 吕倩容墓［图 6］的一套酒注与温碗，给我留下了很深的印象。那时，墓室发掘已进行到后期阶段，主要的工作就是随葬物品的清理与编号，这时在木棺外右侧，发现了一套青瓷花口温碗和套于其中的青釉素面酒注子［图 7］。虽然这套酒具已被墓室顶部的塌土推倒，却依然保存着当初随葬时套装的原样。更让人惊喜的是，两件器物都完好无损，无论是尺寸还是比例，或者是做工

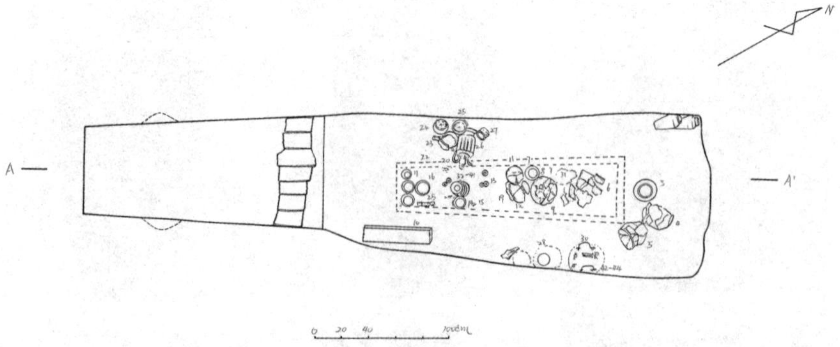

图 6　蓝田北宋吕氏家族墓葬 M7 平剖面形制图

釉色，两者都表现得极为配合、拿捏得恰到好处，无疑属原本就配套的一组实用酒具。这说明，此时的酒注子已和温碗成为不可分离的组合搭当。同时也说明饮用热酒已非常普及。

图 7-1　青釉注子与注碗（套装）

图 7-2　青釉注子与注碗（分离）

流行于北宋的饮酒器是一种名叫台盏的两件套器具。台盏是由酒盏和酒台组合而成。酒盏为敞口，口径约在 10 厘米最为合适，底下设有圈足；酒台是用来承托酒盏的，形如碟状，内心凸起圆形小平台以搁置酒盏，底下为较高的圈足。吕氏墓中以 M12 墓主人吕大圭随葬的白釉台盏［图 8］最为精美。形似初开花朵状的盏搭配上饰有镂空如意云头图案的托台，通体素净透出北宋贵族们追求的雅致情调，堪称本次出土的饮酒器中的佼佼者。

图 8　白釉台盏

台盏不但更适合带有长流的酒注斟酒，而且还有许多独到的优点。首先，使用时以托承盏奉酒，更可彰显贵族生活精致与优雅。其次，用台盏奉酒使主与客、主与仆之间的恭敬与礼貌尽在其中。第三，以该方式奉酒能令手指不触及盏沿而保证盏与酒的洁净。仅仅从这些细节上就能令我们体会到当年吕家人生活的讲究与精致。

这个时期，饮酒在许多文人的日常生活中成为极富风雅的事情。有一位著名词人曾经写过“明月几时有，把酒问青天”，这个人的大名大家都知道，就是与吕氏家族中吕氏四贤生活在同一时期的文学家苏轼。

苏轼虽然有许多描写酒的佳句，但实际上他的酒量极差。他自己曾说：世界上没有比他酒量更差的人。他差到什么程度呢？只要闻见酒味就会醉。所以每次宴席上，看见别人喝得酣畅淋漓，他自己很是羡慕。但他又说，对酒的痴爱也没有人能够超过他。他可以终日饮酒而不醉，当然这指的是细酌慢品。由于长期坚持不懈地“锻炼”酒量，苏轼后来终于有了相当于一瓶啤酒的酒量，这让他很自豪。

苏轼不但喜爱饮酒，而且还酷爱酿酒。不管走到哪儿，他都会带上酿酒的工具和原料，还喜欢向当地有名的酿酒师请教。数十年的经验积累下来，他还真写了一篇叫《东坡酒经》的心得体会。

苏轼的词以豪放著称，在那些家喻户晓的作品中多有醺醺之态。所以，大家都认为他属“酒仙”级人物，而实际上他最初却是一个喝不了酒的人。从“喝不了”到“酒仙”的修炼过程，不是以酗酒为代价，而是一个不懈努力、循序渐进的过程。相反，吕大防在流放岭南的路上，为求自毁而放纵狂饮，最终导致死亡。正如，后来明代著名医学家李时珍所说：适量饮酒可强身壮骨，嗜酒狂饮、不懂节制则可立时毙命。

综上所述，北宋时期贮酒、盛酒、温酒、饮酒的酒具的完整组合就是酒瓶、酒注、温碗（注碗）和台盏。这些器具件数较多又属易碎的瓷器。饮酒时，光来回索取就很费事、劳神，又容易不慎打碎。那么，如何才能简捷、快速地完成这个麻烦的准备过程呢？

吕氏墓葬出土的一件随葬品就是解决这个疑问最现实的答案。

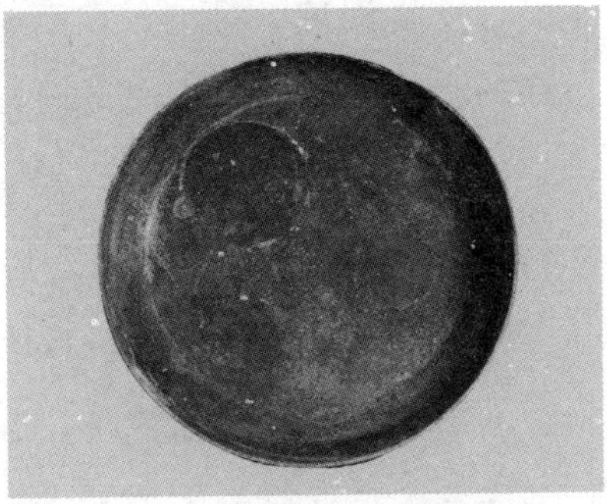

图 9 素面铜托盘

在那些被吕富平盗掘的文物中，有一件编号为 20066 的铜托盘［图 9］，现在盘上的大部分面积都被绿色的铜锈覆盖，看起来显得灰头土脸，但仔细端量，可从盘子的边边缝缝中看到星星点点的金色闪光，那是没有被锈蚀的地方。从这些残留的金色上，我们可以推断，原来的托盘有着亮闪闪的金色外表。但真正引起考古人员注意的还不是托盘的形制和外表，而是残留在盘内底上的大小不同的三个圈形印痕。经比对，然后确认：二枚较大圆痕属于同时出土的锡质台盏盏台圈足印迹。由此证明，该托盘为收纳酒具的敛器，酒具被摆放在盘中，即可随叫随到地在器具中斟上美酒端来畅饮，又可在使用完毕后将酒具归纳入盘中收藏而不至零乱。所以，托盘的实际用途中还包含着盛敛酒具的一项功能。

值得一提的是，同样用途的托盘中另有一类特殊材料制作的托盘曾倍受吕家人的钟爱。能受到讲究而又追求品味的贵族青睐，这种材质必然与众不同，它究竟是一种什么东西呢？今天我们称它为“加碳陶”。

陶器的使用，在我们中华民族的历史上已经非常悠久，但作为北宋关中士族之首的吕家，生活品质一贯追求精致和细腻。一般陶器只用于粗使，令他们真正喜爱的是那些质地纯净细腻、做工优良，表面施有一层漆黑、光亮、滑润外皮，貌似漆器的加碳陶器。这些不同凡响的陶器从哪里来？是如何制作的呢？

这就要追溯到宋代以前的唐代社会。在唐代遗址的考古发掘中，出土过一类建筑用的筒瓦，名叫“青棍瓦”。这是一种体形瘦长、通体乌黑光亮、质地细腻、做工非常规范的筒瓦。制造此瓦所用泥料必须经过反复淘洗、过滤，然后模压成形，待瓦坯晾至将干未干之际，以质地极细密的鹅卵石或玛瑙石进行外表打磨、抛光，然后放入炉窑中烧制。达到最后阶段时，燃料内加入羊粪，用这种工艺烧出的瓦，除精致坚固外，表面还附着一层黑亮外皮，故名青棍瓦。

我认为这些被北宋蓝田吕氏一族偏爱的黑皮陶器具，应该是用以上技术加工做成的陶艺精品。这些物件虽朴素无华，却有一种超凡脱俗的气韵，自然体现出端庄与凝重。在器形设计上，往往模仿漆器，讲究规矩、净雅，与吕氏家族素来传承的家风和鉴赏观念完全符合，因此受到推崇。

图 10　加碳陶圆托盘

这些陶器虽为土制却与一般土器大有不同。不但价格不菲，而且用途也有区别。墓中随葬的加碳陶托盘［图 10］就是这类物件之一。它出土于 M25 吕锡山的两位妻子墓葬中，表面触摸光滑、磨损痕迹清晰可见，显然是墓主生前经常使用的物品。

这些宋代精致酒具的出现和使用，为酒的历史注入了更多的文化内涵和高雅情趣。比较此前历朝历代之酒具，无论是材质还是做工，无论是工艺还是外形，无论是实用性还是观赏性，宋代都有了长足进步。那么，宋代之前人们使用的酒具又是什么模样呢？

在酒刚刚出现的原始社会里，专用的酒具便应运而生了。新石器遗址中，多次发现尖底瓶［图 11］。尖底瓶口小，腹深而长圆，尖尖的瓶底是它的最大特点。如今，我们发现的商代最早的甲骨文中，“酒”字左边为“水”，右边便是一个小口尖底瓶的象形图案［图12］。大家都知道，中国文字是象形文字，小口尖底瓶里装着的液体，一般就是酒。这种象形文字也就是“酒”字的来源。或许这表明，在商代及其更早时期，被普遍使用的贮存酒的器具可能就是小口尖底瓶。

图11 小口尖底陶瓶

图12 甲骨文中的“酒”字

这种陶制器物下边的尖底可插入土中，既能使瓶体立稳，同时也利于酒中杂质的沉淀，具有一定的滤酒功能。而且埋在地下的部分按现在人的说法叫接地气，直到今天酒的贮藏不是还要放在地窖或山洞里吗？道理从古至今都是一样的。这个时期，人们用来饮酒的器具可能是陶制的大口、平底杯形器，此物在考古发掘中也多有出土。

商周时期，常用的贮酒器为尊。盛酒器是卣和觯，饮酒器为觚。觚［图13］的外形类似于束腰平底杯，后来形体逐渐加长变细，它是由原始社会的酒具杯形器演化而来的，主要流行于商周时期，为当时人们日常生活中的实用饮酒器。

而商周两代祭祀所用饮酒器却与日常生活中饮酒具大有不同。商周时，祭祀所用饮酒的祭器名曰“爵”，爵［图14］由青铜制成，是一种口沿上设有长流、通体饰华丽纹饰，底下有细长三足的器皿。由于三足细长，足之间可用火加热，所以当时祭祀所用应为热酒，加热后酒气蒸腾而上，芳香浓烈的气味可惊动天地、鬼神，从而能够更好地传递出祭祀人对被祭者的种种情感。但在日常生活中，人们习惯饮用的还是凉酒。

图 13　青铜觚

图 14　青铜爵

汉代人贮酒用瓮、用壶。盛酒则是大口樽或盆，这些大口的容器更方便用勺去舀酒。饮酒器具多以漆木制成的耳杯［图 15］为主。玉卮则等级极高，据《史记·高祖本纪》记载："高祖奉玉卮，起为太上皇寿"，即汉高祖刘邦手拿斟满酒的玉卮为太上皇祝寿，可见能使用玉卮的一定身份至尊。玉卮的形制传统认为似筒状，上有盖，下设三足；另有专家考证，深腹高足杯亦称"卮"［图 16］。

图 15　汉代漆耳杯

图 16-1　西汉玉卮

图 16-2　汉杜陵出土金釦玉卮

当然，汉代人所喝的酒仍然是用酒曲发酵的低度酒，但是由于西汉海昏侯墓葬的发掘及其随葬品的出土，关于中国产生白酒的时间引起了社会各界的关注。在那些种类丰富的随葬品中，有一件形体高大的青铜器非常醒目，那就是高度为 1 米多，上部圆筒直径大约 50 ~ 60 厘米的蒸馏器［图 17］。关于它的用途有两种观点：一种是认为它是贵族们用来蒸馏花露水炼制丹药的器具；另一种观点认为它是蒸馏白酒的酒具，因为它的出土地点在墓室内藏椁的酒库中。目前这两种说法都需要进一步论证，但该器物在墓葬酒库中存放，令人不能不对其发生与酒相关的联想。而且我觉得它高大粗壮的体形如果用来蒸馏花露水制丹药，则与以往出土的制丹药器具，如坩锅等，在体量上有巨大差异。所以，若后一种说法能够得到更多证据支持，

图 17　海昏侯墓出土的蒸馏器

则中国白酒的产生时间将可提前到西汉早期。这是个复杂的研究课题，在此我只是就出土的蒸馏器谈谈感想而已。

魏晋之时，长期饮用冷酒的习惯开始逐渐改变，据说，是因为贵族名流中时尚服用五石散。五石散原为药物，魏晋时经改进而成为毒品，服用期间唯忌冷酒，所以温酒而饮便从此起始。该时期酒的制造业得到了很大进展，出现了一些名酒和著名的酿酒师。在晋人张华所著《博物志》中，就记载了这样一个关于酒的传奇故事。

说有个名叫狄希的酿酒人，酿出了一种名曰“千日醉”的好酒。一天，一位与其相识名叫刘玄石的酒客，慕其佳酿而来饮酒。狄希说：“酒还没有酿好，饮了怕对身体不利。”但玄石自封为酒中之圣，因为他还没有遇到过能让他酒醉之酿。所以，对狄希的话很不以为然，执意要喝。无奈，狄希只得倒出一杯给他，并警示说：“只此一杯，可醉千日，你如喜欢它，可等醒后再来。”饮后，玄石认为狄希话中有诈，便不快而别。一路上，他只觉得脚下有些踉跄，回到家中便“醉死”。家人不知何故，遂将其哭而葬之。三年后，狄希算计着玄石已到了该饮酒的日期，却左等右等不见他的踪影，跑到刘家一问，才知道玄石已醉死三年了，早已埋进坟墓。狄希闻之大惊说：“那是酒醉，不是真死！”急忙与刘家人掘墓开棺。方见玄石睁眼开口，大声赞到：“快哉！醉我者好酒矣！”掘墓者皆大笑不已。在笑声中，这些人一一倒地，原来是棺中散发出的酒气将其全部醉倒。当然，他们没有一醉千日，因为嗅酒而醉毕竟与喝到肚子里再醉有些差别。

很明显，这是作者编出的故事。但通过这个故事不难看出，魏晋之时酿酒技术得到提高，一些名牌酒与优秀酿酒师相继出现。

到了唐代中期，喝热酒已经兴起。与此同时，酒具也发生了较大变化，先前盛酒的桶状大口樽、盆等器具，因散热快已经不能适应新的饮酒方式。口小、腹深、具有管状长曲流的注子，俗称“酒壶”，成了主要盛酒器。为了保持酒的温度，稍晚时期又出现了深腹、圈足的温碗（又称注碗），将温碗中加入热水，再把酒注放入其中，通过定时替换热水就能长时间保证注内酒的温热程度。所以，唐代中晚期，在酒具的使用种类和形制上已经与北宋非常相似。

由此，我们总结到一条规律，那就是古往今来与酒相关的器具是随着社会的发展、造酒技术的发展而不断变化、推陈出新的。

前面我们讲了北宋以及历朝历代的酒具，然而酒具的产生是因为有了酒，所以酒才是这些器具的灵魂。那么，酒又是怎样产生的呢？

很遗憾，关于酒的起源没有准确的文字记载，但是它的确出现得很早很早，可以追溯到原始社会。

我想，以原始社会艰苦的生活环境、低下的生产力水平以及当时人们思维的局限性，不可能一觉醒来就知道有“酒”这种好喝的东西并且会制造它。但是酒的确就在这个时候出现了，既然它的出现不是人为，那么它来到人间就成了一个神奇的谜。在这里，我们不妨推测一下，酒是怎么意外出现的。

那是很久很久以前，也许是距今六七千年之前或更早一些，我们的先祖还处在原始社会时期，当时人们按部落聚集在一起生活，靠着女人采摘植物果实、根茎，男人狩猎来维持生计。有一个居住在河流岸边的部落，那里水草丰美、树木茂盛，森林中，不但生活着许多动物，而且还有许多能够食用的果实。有一天，去山上采摘的妇女们发现了一片果林，当她们兴奋地带着成熟的果子回到部落时，发现出去狩猎的男人们也抬着猎物胜利归来。这次的狩猎活动非常成功，收获很大。当天晚上，在部落中心的空地上，首领将猎物分给所有人，由于肉食的诱人和数量的丰富，大家早已忘了那些放在陶盆中已经成熟的果子。几天后，猎来的肉食吃完了，而那些被扔在盆里熟透的果子却散发出一种从来没有闻过的特殊的气味。这种含着甜甜的芳香又有些刺激的气味令人很向往，一个禁不住诱惑的人用舌尖舔了一点儿果子中流出的液体，顿时被这种异样的香、甜、酸和微涩等综合在一起的滋味所吸引。这是人们第一次尝到水果发酵后自然酿出的果酒。

所以说，果酒的出现纯属大自然的赏赐，但它的产生却从此开启了人类造酒的先河。尽管依靠纯天然发酵的果酒酒精含量很低，但是它的存在让我们的祖先认识了这种特别的饮品。此后，古人将谷芽、麦芽浸水发酵，然后经过过滤得到一种不用酒曲便可制成的味道淡薄的甜酒，我们称它为“醴酒”。再后来，不断探索和实践让人们逐渐发现和制出了酒曲，而酒曲的出现使粮食酒正式登场。酒的气味、口感、功效令其自产生后便经久不衰，直至今日。

这就是酒的起源。所以，酒纯粹是人类通过某一个特殊事件而偶然地在大自然中发现的，并是人类受到启发才逐渐在这个领域里摸索、实践和研究的最终结果。可惜的是，酒具有极易挥发的特性，所以古代的酒很难保存到今天而让我们一睹其尊容。

在吕氏墓葬中，还有一类随葬器物同酒器一样与我们的现代生活息息相关，而且比酒具更加精彩和富有情趣，想要了解和认识它们吗？请看下文。

（陕西省考古研究院　张蕴）

千年不散的茶香[①]

在吕氏家族墓葬出土的众多器物中，有一件器物引起了考古人员的注意。它像是一个大碗，在碗的底部残留了一些类似叶片的东西。后经考古人员鉴定，这些叶片就是残存的茶叶。更为惊奇的是，围绕茶，吕氏家族配备了各种各样饮茶的器具。这些精美的饮茶器具，为我们揭开了北宋文人士大夫们精致的饮茶方式。那么北宋的文人们是如何饮茶的？他们在饮茶上又有什么讲究呢？

---

① 本文撰写时重点参考了孙机先生的《中国古代物质文化》一书。

饮茶，或称品茶，在中国人的社会生活中，一直占有重要地位。其实我们与茶结缘的历史从很久以前就开始了。现浙江省肃山市的湘湖有一个遗址博物馆，名叫“过湖桥博物馆”。这个博物馆是一处遗址，是一座位于湘湖底部的八千年前的人类生活与居住的部落遗存。在这里，考古工作者发现了一些茶籽遗存。虽然这些茶籽可能只是采来食用的，但它的出现至少说明茶树在当时便已被人类认知并关注了。

成书于战国时期的辞典《尔雅》中就有“槚，苦荼”① 之说，“荼”即是茶。这应是迄今关于茶的最早文献记载。

近年来，在西汉景帝阳陵从葬坑的考古发掘中，出土了一些植物叶片。专家鉴定确认其为茶叶。这是我们今天见到的世界上最早的茶叶原形。这个重要发现已被列入世界吉尼斯大全。所以，真正有据可查的用茶饮茶的准确年代当在西汉早期。

蓝田吕氏所有墓葬中都有随葬的茶具出土，这说明饮茶在北宋人的日常生活中占有相当重要的地位。这些茶具有瓷器、石器、陶器、铁器、铜器，还有当年曾光闪闪的锡器，真让人目不暇接。在我们现代人的生活中，饮茶也非常普及，而且受到许多人的钟爱，但方法一般都简便易行，器具也很简单，只要一个茶杯、一包茶叶就够了。所以，当我们面对这些琳琅满目的北宋茶具时，既惊讶兴奋又茫然。最终，通过对资料的查找和研究，我们才明白，原来这些茶具中还包含着大学问。

比如说，吕大临墓中出土的带盖铁茶鼎［图1］，它有三条细高的

---

① 出自《尔雅·释木》。

图1　带盖铁茶鼎

腿，说明三腿之间可以架柴点火，因此这是一件用以加温烧煮的容器。还有一件用青灰色、质地较软的骊山石制成的素面带流圆底铫［图2］，口沿上带有两个对称的扳手和一支粗短的流。铫本身是吊在火堆上煮东西的饮食具，因为圆底也可用来架在炉上烧煮。此外，吕锡山的两位夫人墓中还出土一件骊山石茶釜［图3］，这件器物敛口、鼓腹、圆底，口上带盖，肩部对生两个方折立耳，通体有明显的磨损使用痕迹。釜也是古人用来烹煮的主要器具。这些用来烹煮的器具在饮茶中扮演了什么角色呢？难道宋代人的茶是煮着喝的吗？

图2　素面带流圆底骊山石铫

图3　骊山石茶釜

确实如此，在宋人的饮茶方式中，有一种传统的方法一直被保存下来，这种方法就是将茶叶采摘后经蒸青制成可以存放的茶团式茶饼，煮茶时投入釜中，加水的同时再放入葱、姜、茱萸、大枣、橘皮、薄荷等佐料一同烹煮，最后再加入适量食盐。煮出的茶实际像一锅菜汤，因含药物成分，既可发散去寒也能解暑降温，更具有防病和保健功能。饮茶的人可根据需要选择添加的附料，如果受了风寒，茶中可煮进去一些葱、姜、茱萸；如果受了暑热则可添加一些薄荷；消化不良可以加入大枣、橘皮，但食盐作为调味品是必放的。这种饮茶方法自西汉至六朝，颇为盛行。据说，现代的广东各家人仍传承了这种古老的煮茶法。因茶煮得像菜汤一样，所以我们称这种饮茶方式为“粥茶法”，又叫“茗粥”。然而，对这种菜汤式的饮茶方法，唐人陆羽在所著《茶经》中表示出很大的不满，认为这样煮出的茶如同弃之沟渠中污水一般。由此可见，当年的粥茶滋味肯定和现在的茶味大有不同。

虽然粥茶的口味可能让现代人难以接受，但它独有的保健性能和治疗小灾小病的功效使这种饮茶方式在那些偏僻的医疗条件不好的乡村山野里流传下来。记得那是20世纪70年代末，我下乡插队的时候，住在一户老乡家里。一天得了感冒，整整咳嗽了一夜，第二天一早，房东的老婆婆就端来了一碗煮好的茶汤，盯着我一气喝完。那茶中浓浓的姜味和微咸的口感给我留下很深的印象，而茶里蕴藏的那份关爱更令我终生难忘。现在想来，那茶汤应该就是粥茶的滋味了。

随着时间的推移，两汉流行的粥茶到两晋时有了改良。一种相对粥茶更为精致的饮茶方法逐渐产生并在上流社会开始兴起。这种方法是将茶饼或茶团碾成末煮沸饮用。当时许多名人皆有与茶相关的奇闻逸事流传下来，如西晋惠帝时的著名爱国将领刘琨。刘琨是今河北人氏，乃西汉中山靖王刘胜之后，年轻时，相貌英俊而且胸怀大志，决心报效祖国。为了达到这个目标，他对自己要求很严格，习文练武都超勤奋，常与好友一起听到夜半的第一声鸡叫就起来练剑，人们为了褒奖他们的勤勉刻苦，便有了“闻鸡起舞”这个成语。后来，刘琨不但成为一个爱国志士还成了诗人和音乐家，同时他也是个品茶高手。在西晋将要灭亡之际，刘琨临危受命，当上了并州[①]刺史。并州这里经常遭到匈奴侵扰，刘琨上任后对外抵御匈奴，对内安抚百姓，孤军

① 并州：今山西一带。

坚守并州近十年。后终因势单力薄而被迫放弃并州。作为志士，眼见西晋灭亡，天下大乱，自己又无力回天，心中的郁闷是可想而知的，为了缓解这满腔惆怅，刘琨常写信给远在南兖州做官的侄儿，要他寄好茶以解忧愁。其中一封信中写道：

前得安州干姜一斤、桂一斤、黄芩一斤，皆所须也，吾体中溃闷，常仰真茶，汝可置之。

意思是说："最近我得到一些饮茶必需的上好配料干姜、桂皮、黄芩等，就盼望着得到好茶以缓解我胸中的烦闷，所以你要赶紧给我寄过来。"南兖州在今江苏一带，当时不但产茶，而且盛产好茶。与众不同的是，别人以酒解忧，唯刘琨却以好茶解除忧闷。因此留下这一段"千里求茶"的故事。

还有一个人，虽然和刘琨不是一个朝代的，却对刘琨的人品志向极其崇拜。他就是东晋明帝时著名的政治家、军事家桓温。桓温，除了能力超常外，还是个仪表堂堂的美男子，所以晋明帝把女儿也嫁给了他。桓温对前朝名士刘琨非常敬仰，处处都要模仿他，刘琨是品茶高手，所以他也对饮茶情有独钟。上行下效，桓温手下人无论雅俗也纷纷品起茶来。有一本书叫《搜神后记》，其中记载了这样一个故事，说大将军桓温当政时期，手下的一名督将在一次打猎过后不明原因地生了病，身体虚热而且很能喝茶，每次一喝就要喝个一斛二斗才罢休，稍微减少一点儿量都觉得不行。日久天长这样喝法就给家里造成了很大的经济压力。后来，有一个客人去拜访他。当时他正在喝茶，这位客人早先曾听说过这种巨饮茶水的病，便劝他在喝完一斛二斗后再多喝五升。喝完之后，这位督将大吐不止，并将一个有一升般大小的东西吐了出来。这个东西长了嘴，外皮像绉纱一样，样子如牛肚。客人吩咐把它放到盆里，用一斛二斗茶水去浇喂，结果茶水全部被吸进，看上去它也微微胀满了，客人接着再加了五升，茶水便从怪物的口中喷涌而出，正是这种喷涌的力量，把它从督将的肚子里推了出来。自从这个东西吐出后，督将的病就全好了。通过这个传说故事我们可以了解到，东晋时期饮茶已不仅仅局限于贵族们的上流社会。

茶作为一种大众饮品而被广泛传播和饮用应是在中晚唐时期。时有“茶为食物，无异米盐”之说。可见茶的饮用已普及至寻常百姓之家，成为生活中必不可少的饮品，享有与吃饭同样重要的地位。这个时期的饮茶法正是从粗放向精致的过渡阶段，有两个明显特点：第一，将茶饼碾磨成细米状碎颗粒后再沸煮。第二，对水温有了较明确的要求。这时烹茶的全过程是：先碾好茶末，再用风炉将茶釜中水煮开，水从微沸至大沸可分三个阶段：一沸如鱼目，二沸如连珠，三沸如鼓浪，只有二沸之水最适于烹茶，所以当水烧至二沸便可量出茶末投入釜心，随即用竹筴搅动并加入食盐调味，待沸煮到泡沫涨满整个釜面，茶就煮好了，即可舀入碗内饮用。此烹茶法虽较前述粥茶法已讲究了许多，不再加入其他佐料，但仍要加盐调味，而且茶末经沸煮必定烂熟，茶的自然香气和韵味已基本丧失，所以盛行于中晚唐的烹茶法仍不能彻底摆脱传统饮茶方式的影响。

我们前面看到的那些随葬于吕氏墓中的茶鼎、茶铫、茶釜，都是用来烹煮末茶的器具。由此说明，北宋中晚期传统烹茶法仍然存在并受到部分人的青睐。虽然烹茶是老传统但吕氏一族所用器具却格外讲究。因嫌铁釜有腥气，而更喜欢用毫无异味的洁净石器具烹煮茶汤，可见其贵族生活的细致入微。

除了那些烹茶用的器具外，还有一些更为精巧、雅致的茶具。它们也是为了饮用烹茶而产生的器具吗？

不，这些茶具是专为一种唐代晚期兴起的、鼎盛于宋元两代的、与前述烹茶法完全不同的一种崭新的饮茶方式“点茶法”而制作的。这些茶具分别是茶撑、茶碾、盖碗、桶形小盒、渣斗与平底钵、铜则、托盏、茶箸和汤瓶。

从众多精美的茶具上，我们就能体会到，这种新的饮茶方式一定非常细致而富有情趣。它的制作又是怎样一个复杂而极为讲究的过程呢？

点茶法，首先要求有极好的原料。北宋时期，最好的茶产自福建建安的凤凰山一带，又名北苑茶，是朝廷的贡茶。宋太宗时，北苑茶制成著名的龙凤团。宋仁宗时，正值北宋盛世，有一位身居高位的能臣干吏，名叫蔡襄，是福建仙游人。他也被誉为北宋首席茶艺大家。蔡襄既是福建人又常年在福建做官，自然对茶的研究有着得天独厚的优势。关于蔡襄对茶品的鉴赏，还有一段真实的故事。北宋中期，在福建的建安能仁寺山石缝中天然生长着一株茶树，寺僧们偶然发现了这棵珍贵的茶树，并将采摘下来的茶叶造得 8 块茶饼，称之为“石岩白”。寺院将其中四饼馈赠给福州知州蔡襄，另外四饼送给京城朝官王禹玉。一年后，蔡襄应召还京为官。闲暇时，到王禹玉家串门，王禹玉见蔡襄到来，便命仆人选用最好的茶来招待。蔡襄捧着仆人冲好的茶，还未品尝就说道：“这茶像极了能仁寺的石岩白，公从何得之?”王禹玉一时也说不出茶叶的品牌，忙叫仆人拿来茶笥上的标签，果然是“石岩白”。自此，他对蔡襄鉴赏茶叶的本领佩服得五体投地。

蔡襄不仅长于鉴赏茶叶，还精通制茶工艺。经他改造后的北苑茶小龙团每斤价值黄金 2 两。即便如此，因产量极少，只能供宋仁宗皇帝一人饮用，就是王公大臣也是连小龙团的影子都见不着。因此他们纷纷抱怨说：“黄金易得而小龙团不可得也。”当然，宋仁宗也不舍得独享，每年祭天之前，会赐给中书省和枢密院各一块小龙团茶饼。两个机构再把两块茶饼平均分配给 8 位宰相级的重臣。而这些得到一小块茶饼的人，谁都舍不得喝，争相把它收藏起来。就这样，20 多年后，担任枢密院副使、参知政事，官居副宰相一职的欧阳修终于分得了一小块茶饼，这是人臣的极高礼遇。欧阳修恭敬地将皇帝的御赐供奉在家中。宋仁宗驾崩后，欧阳修每次捧茶欣赏都会百感交集、痛哭流涕。

到了北宋晚期宋徽宗时，又出现了以“银丝水芽”制成的“龙团胜雪”。“龙团胜雪”每饼值 4 万钱，大概相当于现在人民币 1 万元左右。这种高档茶饼对原料要求极高，只从采摘的茶叶中取其芽尖，蒸过之后，反复压榨一昼夜，将茶的汁、色全部挤出。现代人认为，茶汁去尽而茶之精髓已失，但宋人并不这样想。榨尽茶汁茶色后，再放入盆中研磨到细匀滑腻的糊状，同时加入少许龙脑等香料和一定量淀粉制成饼或团状，烘干后存放。经这样一番折腾后，制出的茶饼就变得洁白而滑腻。达到了这一标准，才有资格成为这种新的饮茶法“点茶”的原料。吕氏墓内随葬的青釉、白釉瓷盖碗应是贮存茶饼的容器。以 M7 吕倩容墓内的青釉刻花牡丹纹盖碗［图 4］最为精美而具代表性。

图 4　青釉刻花牡丹纹盖碗

下一步的工作就是把原料——茶饼碾成末。当然，碾茶的要求也很高，好茶末细如粉尘，这与唐代茶末的细米状区别很大。整个碾茶的程序是这样的：先将茶饼锤碎炙干，炙干茶饼的器具类似现在的饼撑，只是形体很小。吕氏族人中有一名叫吕麟的 12 岁少年，从小聪颖好学，父母很是疼爱，但不幸早夭。其墓中随葬的三足盘式铁器［图 5］形似盘而底尤其厚，因有三足可撑于火上，所以笔者认为应是炙干茶饼的器具。炙干后的茶再放入茶碾中反复碾压，直到成为粉状。因茶饼很金贵，茶碾以形体小而精巧者为上品。吕大临墓出土的青石茶碾［图6］，虽然破碎，经修复仍可见其原形。碾磨后的茶粉再用茶罗过滤一下并被敛入罐、盒一类的容器内待用，这类器具出土较多，以瓷质与加碳陶质为主，做工端庄、别致。M15马氏夫人墓中的青釉素面筒形盒［图7］、M20吕大忠墓出土的施有黑亮外皮的筒形小盒［图8］等都是当年墓主存放茶末的实用器。

图5　三足盘式铁器

图6　青石茶碾

图7　青釉素面筒形盒

图8　黑衣筒形盒

备茶完毕，茶事即可开始。这种新的饮茶方式最大特点就是完全摆脱了传统的煮茶法而改为冲茶法。为不影响冲入盏中的水温，必须先将茶盏预热。宋人是怎样预热茶盏的呢？现有文献并无详细记载。从出土器物分析，烹茶时用来盛敛残渣的渣斗在这种新方法中不但存在而且斗口往往扣置一个大口平底钵，而且外表也制作得十分华丽。

瓷渣斗和配套瓷钵通体会施有花纹，有的口沿上还包着金银扣边；铜渣斗与铜钵则是外表鎏金，显得辉煌富贵。但纵观这种新方法的整个冲茶过程，因原料已细到粉尘状态，并没有任何残渣可丢弃。所以我认为，此时的平底钵应该是用来盛放茶盏以浇沸水预热的器具，而配套渣斗则用来存放茶盏预茶后留下的残热水，其作用相当于今日茶道中的茶海。待茶事结束，钵就扣在渣斗口沿上成套存放。例如 M7 出土的青釉刻花钵［图 9］与渣斗［图 10］就是相配的一套。

图 9　青釉刻花钵

图 10　青釉刻花渣斗

茶盏预热好后，用茶则自茶末盒内舀出茶末，一则定量为一钱七分，也可用茶匙［图 11］将茶末放入盏中。而此时的茶盏也非前朝茶碗，它的模样很像饮酒用的台盏，由盏和盏托组合而成，盏下加托后侍茶，一是不烫手，二是显得讲究，三是也洁净卫生。

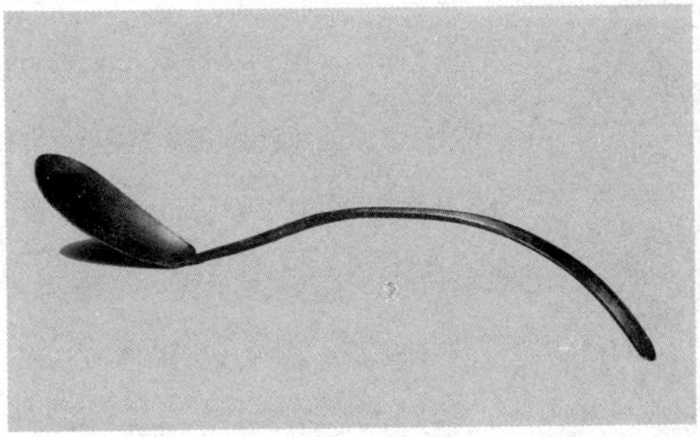

图 11　铜茶匙

吕氏家族墓中出土托盏数量不少，以瓷为主，兼有锡、石质地。其中的黑白釉配搭瓷托盏［图 12］属于一位 25 岁便离世的年轻人，该托盏典雅脱俗，因与主人情趣相投而长伴他于地下。另一件黑釉鹧鸪斑盏［图 13］，表面极其华丽，盏下原配漆托，因久存地下，漆托现已不存。

图 12　黑白釉配搭瓷托盏

图 13　黑釉鹧鸪斑盏

茶入盏后先加入一点点水称为润膏，然后用茶瓶中沸水冲之。煮水所用茶瓶分铜、铁两种材质，瓶无须太大，形体细高，特别是流的曲度与流嘴的削面非常讲究，即要出水通顺，又不能水流过急过大，只有流口斜削角度适当，倒出的水才能掌控随意、收发自如。要达到这些要求，就存在着相当的技术含量。所以当时的茶瓶制作也有名家作坊，例如 M12 吕大圭墓随葬的铁茶瓶［图 14］，执手下端錾刻小楷一行三字为“戴十玉”。这就是制器工匠的名款。敢用真名为款，既表现了商家对自己产品的自信和担当，也在同类产品中赚得了知名度。

图 14　带盖铁茶瓶

用茶瓶将水煮开冲茶时须以筅或匙不停击拂，令其生出丰满的泡沫，击拂的动作好像打鸡蛋一般。筅，指一种圆形竹刷，是击拂中最好用的工具。吕氏墓葬中也有出土，只是前部竹篾已朽，仅留下后端的圆形铜把柄［图 15］而已。如今箸这件茶具只能在日本茶道中见了［图 16］。在击拂过程中，对冲下的水温要求严格，水凉则茶末浮在表面，水热则茶末沉于盏底。同时，击拂技巧手法也很重要，所以一盏香茶若要冲好必须茶末极细、调膏极匀、水温不高不低、水与茶末比例匹配、茶盏预热好、冲时水流紧凑、击拂时搅的极透。这样，盏中茶才能呈悬浮胶体状态。此时茶面上银光流曳、沫饽翻涌。一盏茶才算冲成。

图 15　（鎏金）茶刷器柄

图 16　现日本茶道中的著

因茶饼中含有淀粉和香料，点出的茶不但芳香而且显示出胶着的乳状，与此前烹茶的汤状差别明显。

从原料制做到备茶、冲茶、成茶一系列工序完毕，冲出的茶也就成为一件精心制作的艺术品。而这种创造艺术品的工艺就是中国饮茶史上一个耀眼的亮点，饮用末茶茶艺的巅峰，盛行于北宋的点茶法。点茶法更能充分发挥末茶的特点，所以成为宋元时期饮茶方式的主流。

在饮茶过程中，为添情趣，又有“斗茶”一说。

什么是斗茶呢？顾名思义，斗茶就是大家比赛谁点出的茶一口喝干而在盏壁上不留水痕，如果盏内壁干干净净、没有水痕就是赢家，表明点出的茶与水融为一体，有较强的内聚力，反之则告失败。这种玩法本身也是对茶品、茶技的检验方法之一。因要检查水痕，那么白色的茶沫在黑盏上留下的水痕最为明显，因此北宋时期福建龙窑生产的黑釉盏最为有名而且价格很贵，即使是贵族也因买得起一套建盏而颇感自豪。吕氏墓葬中出土的建盏有金兔毫和银兔毫两种，金毫［图 17］较易保存，如今看来仍是金丝闪烁、华美异常。

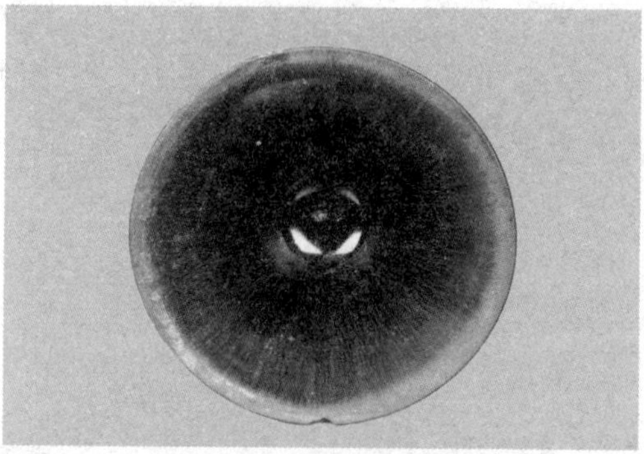

图 17　金毫建盏

点茶，在宋元盛极一时后，很快地衰落消失了。现在，我们只能从日本的茶道里寻到它的踪影。从明代到今天，整整历经了将近 700 年。在这个历史时期内，我们的饮茶方式又是什么呢？

两个字：散茶。根据文献记载，明代初年便不再提倡点茶而改饮简便易行的散茶。所以许多人认为中国人饮用散茶是从明代开始的。实际情况真是这样吗？

考古发现证明，北宋晚期正当点茶极盛之时，一种新的饮茶方式又在上流社会中悄然兴起。这就是与现代饮茶方式相同的散茶法。吕氏家族墓中出土了体矮、肚大、流短而粗的茶壶［图 18］，目睹其尊容便熟悉无比，和现代茶壶长相一样。喝散茶的瓷杯［图 19］也很不陌生，现在仍可找到它的影子。最确凿和有力的证据是出土于 M12 号墓中的铜渣斗［图 20－1］及配套的铜钵，在铜钵内壁上赫然附着一片片茶叶［图 20－2］，大约有 40 枚叶芽之多，从个体、形状看，这些应是上等好茶叶的嫩芽。墓主人吕大圭曾做过管理茶、酒税务的官吏。虽然这官的品秩不高，但俗话说："近水楼台先得月"，由于职位之便，他对自己所饮用的茶叶品相还是很挑剔的。

图 18 青白釉瓜棱腹带盖茶壶

图 19 青白釉托杯合影

图 20－1 铜渣斗

图 20－2 铜钵内茶叶

在散茶法中，渣斗的作用依然等同于茶海，而配套的平底钵可能仍用来预热茶杯。但与点茶不同的是，浇热茶杯的水很可能是第一道洗茶的热水，这种做法与现代茶道基本相同。所以钵内壁上才有可能留下没有沏开的茶叶，也只有这样才能合理解释为什么渣斗内底留下的是乏茶，而钵内壁却留下了没有泡开的茶芽。

鉴于这些真实存在的考古发掘证据，我们可以说，饮用散茶至少在北宋已开始，北宋晚期于贵族中已成气候。由于点茶太过风雅而且耗资巨大、费时费工、极其烦琐。明代时，官府便提倡推广饮用散茶，结果使饮用散茶成为全民普及的饮茶方式。散茶的最大特点是保留了茶叶的原形、自然香味和色泽。换句话就是，喝散茶才能真正品味到茶的自然属性和精髓。

从此，中国人喝末茶的历史，画上了句号。

所以说，散茶的饮用起始于宋，兴起于明，盛行于清代及其以后。

总之，通过对蓝田北宋吕氏家族墓葬、器物和人物的讲述，让我们看到了位居北宋关中士族之首的吕氏家族精致而并不奢华的日常生活。那些出土文物让我们脱离了冰冷的文献记载，直接用双手去触摸和感知到带有时代温度的鲜活的历史人物与他们的故事。

（陕西省考古研究院　张蕴）